世界文學
經典名作

# 居禮夫人

## THE RADIUM WOMAN

ELEANOR DOORLY

愛諾莉・多麗　著
朱櫻　譯

# 前言

本書是愛諾莉・多麗女士的《鐳的女人》（The Radium woman一九三四版）的全譯本，是以另一種生動的掌觸，來描繪科學之女居禮夫人的傳記！多麗女士為英國著名的教育家，兒童文學家。

她除了本書以外，還有《The insecr Mam，法布爾・蟲的詩人》以及《The Microbe Mam，巴斯德・微生物的獵人》等等。這三本書號稱多麗夫人的傳記三傑作。

尤其是本書更為聞名，一九三九年，曾經獲得一九三八年英國卡內基文學獎（頒給英國優秀的兒童文學作品）；這個獎項是紀念蘇格蘭出生的美國「鋼鐵大王」安德魯・卡內基，相當於美國的紐伯瑞文學獎。

居禮夫人的傳記，以艾普・居禮撰寫的《居禮夫人傳》，被公認為最為優秀。或許有人會認為——艾普是居禮夫人的女兒，當然能夠栩栩如生的描寫。然而，艾普的那一隻筆卻能夠很客觀的捕捉母親及父親，叫人感覺到她似乎並非在書寫母親的生平。

多麗女士在寫這一本書時，曾經參考了艾普所書寫的傳記，但是，她也發揮出自己出色的描寫方式，例如——她非常鮮活的描述少女時代的居禮夫人，尤其是對於她不甘落人後，求上進的性格，描寫得淋漓盡致，呼之欲出，使我們感覺到瑪妮雅似乎就在眼前似的！

關於科學方面的記述，她又能夠以淺顯的筆調寫出，使青少年朋友也能夠一清二楚。同時，她不僅把居禮夫人當成科學者描述，而且也以自然而然的方式，把居禮夫人做為一個人的偉大處顯露了出來。

多麗女士所撰寫的傳記，何以能夠如此的生動，打動人心呢？原來，多麗女士在執筆撰寫人物傳記以前，必定會前往該人物生活的土地，徹底地展開調查的緣故。

例如，以這一本書來說，居禮夫人勞苦的生活，專心從事研究的巴黎的學生街，就被描寫得又正確又逼真。如果你憑著這一本書，到巴黎街頭徜徉的話，必定能夠碰到居禮夫人走過的街道，專心一致地從事研究的場所，以及貧窮地過日子的那一棟房子。

如果你想更進一步瞭解居禮夫人的話，不妨也閱讀艾普所撰寫的《居禮夫人傳》！

# 目錄

前言／3
第一章　瑪妮雅的歡唱／7
第二章　瑪妮雅開始學習／16
第三章　反叛者／29
第四章　整整一年的休假／40
第五章　波蘭的人們／52
第六章　幸運中的不幸／69
第七章　變化來了／81
第八章　「抓著太陽，再把它拋出去……」／90

第九章　瑪莉的戀愛／109
第十章　居禮夫人／122
第十一章　偉大的發現／137
第十二章　黑暗裡的光輝／150
第十三章　非賣品／163
第十四章　比爾去世了／171
第十五章　不管發生什麼事情／182
第十六章　第一次世界大戰／197
第十七章　在我的家中／209
第十八章　走到國外／220
第十九章　最後的歲月／234
居禮夫人年譜　／243
居禮夫人經典名言　／249

# 第一章　瑪妮雅的歡唱

為什麼？為什麼？為何不行呢？為何瑪妮雅不能閱讀書本呢？

不過，瑪妮雅並不想問理由。她甚至不想問溫柔而美麗的母親，她為何不能讀書，只是，在蓬鬆黃色的頭髮下面，那對靈活的青灰色眼睛裡，閃動著不服的光輝，以及在腦海裡感到苦惱而已。

事情永久是這樣的——只要瑪妮雅說：「我不能讀書嗎？」或者手上捧起書本，必定有人會說：「瑪妮雅，妳就到庭園玩耍去吧，」或者「今天，妳還不曾跟布娃娃遊玩呢！」不然就是「瑪妮雅，妳就使用這些漂亮的新積木，不然蓋一棟房子好嗎？」

當然啦，瑪妮雅也知道這些都是計謀。他們的意思，無非是讀書並非一件好事情。

他們都表示——讀書對姊姊布洛妮雅有好處，但是，對瑪妮雅卻是沒有好處。而且，瑪妮雅很會讀書，布洛妮雅卻是讀不來。說起來，這一件事情非常的奇怪，這或許就是瑪妮雅從布洛妮雅手中搶過書本的理由。

不過，瑪妮雅完全沒有惡意。

有一天，瑪妮雅跟布洛妮雅並排躺在伯伯果樹園的草坪上面，那時，布洛妮雅提議玩拼字遊戲，而排起了好多張的卡片，拼成文字遊玩。

她倆回家的某一天，父親問布洛妮雅說：

「妳能夠讀到什麼程度啦？唸給我聽聽。」

布洛妮雅拿著書本站立著，一個接一個的唸出拼字，並且很吃力的在閱讀。那時，瑪妮雅搶過布洛妮雅手中的書本，一瀉千里的把課文唸完！

「瑪妮雅……妳！」

母親驚叫了起來。

父親一臉的嚴肅，布洛妮雅氣炸啦！

瑪妮雅「哇！」一聲哭了出來，抽泣著說：

「對不起！真對不起。我並非故意要這樣做。」

從那一天起，家裡的人都不允許瑪妮雅讀書，一直到現在為止，她仍然站立於母親的房間前面，思考著應該如何的做，家裡的人才會允許她讀書。

在那一天的整個上午，瑪妮雅穿梭於細長的宿舍裡面，為布洛妮雅運搬攻陷約瑟夫與海倫娜城堡的槍彈。

那些槍彈使用積木製成，城堡也是利用積木疊成。不久以後，天氣變成很燠熱，叫人感到疲乏不堪，於是，瑪妮雅放棄了戰爭遊戲。如今，她只好找最年長的姊姊，來到庭園裡面。

「蘇西雅！蘇西雅！」（本名蘇菲亞的暱稱）

瑪妮雅奔進房子裡面呼叫，接著，兩姊妹牽著手，走到外面。

蘇西雅今年十二歲，看在約瑟夫、海倫娜、布洛妮雅以及瑪妮雅的眼睛裡，她已經是一個十足的大人了。

瑪妮雅在四歲時就能夠閱讀文字，現在，她已經是五歲了。到此，大家很可能已經知道，家人何以不允許瑪妮雅讀書了吧？雙親的史庫洛夫斯基，不希望這個聰明的女兒太勉強。只是，他們倆並沒有想到，應該對小女兒說出原因。

庭園很廣大又平坦，由一道圍牆所包圍著。地面上有被踐踏過的草坪，樹木種植得相當多。在這一片庭園裡面，在幾乎所有的角落，她倆都能夠暢所欲玩。不過在出入時，非得小心翼翼不可。因為，她倆必需走過「鬼怪」的窗戶下面。

這個庭園，本來就屬於中學男生的小天地，而在這塊屬於學校的用地裡，除開史庫洛夫斯基一家人以外，也居住著一個「鬼怪」。逢到必需走過他窗下時，就連蘇西雅也必需耗費神經，使用腳去悄悄地走過去，而且，她也對瑪妮雅告誡說，在走過「鬼怪」的窗戶以前，絕對不能說半句話。

瑪妮雅雖然只有五歲，但是，她已經知道很多的事情。她也知道——那個男人所以被稱為「鬼怪」也者，乃是他是俄國人的緣故。那時，俄國把波蘭瓜分為三，正有如巨人在分搶奪品一般，跟其他的兩個巨人平分。

那個鬼怪，就是這一家中學的校長，而瑪妮雅的父親卻在這個學校教數學與物理。「鬼怪」牢牢地監視著波蘭人，下令他們一切向俄國人看齊。因此，瑪妮雅也非常的清楚，必需步步為營，小心言行，以免被那個「鬼怪」逮到。

瑪妮雅也知道另外的一件事情，那就是——她雖然在城市成長，但是，她承認鄉村比城市更為美麗宜人。

在鄉村，瑪妮雅有伯伯、伯母，以及很多的堂兄弟。

在鄉村，有蜿蜒的小河，可供她們玩水，更有製造爛泥餅的爛泥巴，也有烤小餅的太陽光。還有古老的大菩提樹，七個堂兄弟都爬到大樹上面，坐在樹枝上面，吃著使用洋白菜葉捲起的醋栗（即：燈籠果）。

每逢瑪妮雅來到鄉下時，他們就會把瑪妮雅拉到樹上，從七個洋白菜包中抽出一份給她吃。

每年到了七月，瑪妮雅就會變成很健康的鄉下孩子。

在這個世界裡，瑪妮雅最愛自己的母親。母親長得非常的標緻，又會唱出悅耳的歌曲。在夜晚臨睡以前，母親並不是吻瑪妮雅，而是用她的手撫摸瑪妮雅的頭髮以及額頭。瑪妮雅很喜歡母親的這種做法。

那時，在吃過晚飯後，家族全部都會跪在桌子周圍，祈禱著說：

「神啊，請保佑母親健康。」

瑪妮雅並不知道家族所以如此的做，乃是母親病了，同時，她也弄不清楚，母親的病跟吻她又有什麼關係？

瑪妮雅於一八六七年十一月七日誕生。她被取名為「瑪莉亞」，不過，家裡的人都稱她「瑪妮雅」或者「瑪妮莎」。但是，幾乎在所有的場合裡，家人都以「安琪洛翠」暱稱叫她。那是因為，波蘭人都很喜歡別人以暱稱叫他們的緣故。

蘇西雅時常坐在庭園裡面，對瑪妮雅說一些有關「安琪洛翠」這個暱稱的典故。

蘇西雅比任何人都能言善道。她時常為弟妹們編出一些短劇，而且，自己包辦所有的角色。因為，蘇西雅表演得唯妙唯肖，瑪妮雅時常大笑，甚至笑疼肚子在草坪上打滾。逢到這種場合，瑪妮雅就會弄不清楚自己居住在哪兒？附近有些什麼人？以及故事裡面的人物，到底又在影射誰？

蘇西雅與瑪妮雅回到家時，父親剛從學校回來，正坐在書齋裡面。

書齋是家裡最大，也是最漂亮的房間，同時，也是讓人感到最溫馨的房間。蘇西雅跟瑪妮雅悄悄地走進去。那時，母親正坐在那兒做鞋子。

母親使用剪刀剪皮革時，剪刀就會軋軋作響。蓋過蠟的絲線在縫好，緊拉它們時，都會發出啪喳啪喳的聲音。打釘子時，鐵槌子也會發出咔噠咔噠的聲音。

對於這些複雜而困難的工作，母親纖細的白手也能夠應付自如。其實，母親也不得不做這種事情。因為，五個孩子在一年裡面就會磨掉一大片鞋底的皮革。

那一晚，父親又提起了那個「鬼怪」的事情。

父親時常會提起「鬼怪」的所做所為。對於這個家族來說：「鬼怪」可說是重量級的對手，而且，越來越讓這個家族感覺到吃不消。

幾天前，一個波蘭學生因為弄錯了俄語的文法，讓「鬼怪」大發雷霆，很嚴重的處罰波蘭學生。在所有的外語中，俄語最為艱深難學。

史庫洛夫斯基實在看不下去啦！於是，他如此的說：

「就以在俄國生長的你來說，有時也難免弄錯俄語的文法呀！」

「鬼怪」並不能立刻的反駁。他以狠狠的表情對著史庫洛夫斯基，一直到翌年才報了「一箭之仇」。

瑪妮雅把挺直的鼻子往上仰，彷彿在做夢一般，一面在父親的房間裡舉步，一面沈溺於自己的內心世界。她撫摸了自己中意的裝飾品。但是，她始終小心翼翼的，不去打擾圍繞著大桌子寫作業的兄姊們。

掛在牆上那一幅司祭的畫像，瑪妮雅絲毫不感到興趣，據說，那是某著名的畫家所描繪的，但是，她始終感到興趣缺缺。

瑪妮雅倒是很中意放置於桌子上面的時鐘。她疑視了時鐘的文字盤好一陣子，再聆聽滴滴答答的聲音。接著再悄悄地使用手指撫摸了一下桌子表面。那一張桌子是西西里的製品，桌面使用不同顏色的大理石拼成。瑪妮雅也很喜歡這一張桌子。

不過，對於放置於擱板上面，當成裝飾品的青色塞布爾瓷器，瑪妮雅一點也不感到興趣，因為，它們看起來似乎很脆弱，彷彿一接觸它們，就會讓它們報廢似的。是故，她跟它們保持一段距離，不敢接近它們。

放置於瓷器旁邊的寶物，有著瑪妮雅難懂的名字，不過，看起來挺可愛的，讓人很想親近它們。

牆上掛著氣壓計，每天，父親都在孩子的面前注意的調查，並且調節。

玻璃櫥櫃裡面，放置著很多的玻璃管、精密的計量器、礦物，以及金箔驗電器。

「那些是？」

有一天，瑪妮雅如此問時，父親以沈重而稍帶揶揄的口吻說：

「妳想知道，那些是什麼東西嗎？告訴妳，那些是物理實驗器具！」

不過，父親一點也沒有預料到，就連瑪妮雅本人也沒有想到，不久後，瑪妮雅將跟物理實驗器具發生什麼關係？但是，瑪妮雅很喜歡父親說出的奇妙之話。於是，她一面如此的歌唱，一面奔出去。

物理——實驗——器具！

物理——實驗——器具！

# 第二章　瑪妮雅開始學習

瑪妮雅所上的學校乃是與眾不同的學校。在那兒，瑪妮雅學習了種種的東西。例如——對於不能做的事情，如何偷偷地、天衣無縫地進行。如何巧妙地隱藏違反規則的事情？以及如何把自己並不在進行的事情，讓對方看起來好像在進行？也就是說，學習了很多欺騙政府督學的伎倆。

由於瑪妮雅比別的孩兒聰明，因此，她能夠比任何人更迅速的做好這一類事情。以這座學校來說，不管是校長，以及級任的女教師都很信賴瑪妮雅，是故，並不認為她是一個討人厭的小鬼。

有一天，瑪妮雅一班二十五個學生，正在上一課很有趣的歷史。因為，這一向是被禁止的課業，所以比英國小孩所上的課程更為有趣。二十五名學生，包括擔任授課的教師，無一不知道這是被禁止傳授的課程。

坐在課堂裡的學生們，都是十二歲的少女。只有瑪妮雅一個人是十歲，她坐在能夠看到草坪的窗邊。

全班的女學生一律穿著藏青色的水兵服，衣領都是純白色，衣釦為金屬製品。頭髮編成辮子，在耳後使用漂亮的鍛帶繫好。

學生們都在豎耳靜聽。左耳聆聽著歷史課程，不想漏掉一言一字，右耳則很緊張的準備立刻捕捉入口處響起的鈴聲。師生都是清一色的「造反的叛徒」。

教師跟學生們隨時準備被抓，提心吊膽的在上著波蘭的歷史。

那時，瑪妮雅正在回答老師的詢問。因為在歷史課的成績方面瑪妮雅老是第一名，是故，教師們最喜歡叫她回答。其實，不管是數學、國文、德文、法文，瑪妮雅都考第一名。

這時，瑪妮雅正在回答上次學習的課程——有關波蘭國王史達尼拉斯——奧吉斯的事蹟。

「史達尼拉斯在一七六四年被選為波蘭國王。他稟性聰慧，教養極佳，為詩人及藝術家的朋友。國王知道波蘭所以孱弱的理由，因此，努力著發奮圖強。但是很遺憾的，國王並沒有勇氣……」

就連瑪妮雅也知道一國之王非得有勇氣不可。因此，她的聲調裡充滿了遺憾的情緒。對於這個僅十歲就懂得很多事情的孩子來說，這種的失望非同小可。

「鈴——鈴！鈴——鈴！」

鈴聲響起的那一瞬間，大夥兒都不約而同地打了寒顫。她們一句話也不說，快速的行動了起來。

傑布茲亞老師拿出了波蘭語的書本，學生們也把波蘭的歷史書與練習簿交了出來。如此做了以後，值班的五個女學生把書本放在圍裙裡面，急快的把它們運到宿舍的寢室。其他的女學生則取出裁縫用具，好似不曾發生任何事情一般，在方形的木綿布上縫起了鈕釦眼。

俄國人的督學跟不幸的校長一起進來了。

校長不能阻止督學快速的腳步，因此，很擔心那種兩長兩短的信號鈴聲，是否來得及掩蓋學生們違反規則之舉。因此，一顆心在猛撞個不已。事實上，除了五個少女臉孔有些漲紅，有些上氣不接下氣之外，那些做著針線工作的少女們，顯得異常的鎮靜。不過，並沒有人注意到那五個少女。

督學赫倫貝堡坐了下來。他長得胖嘟嘟，牛山濯濯，不過，看起來派頭十足。原來是那一件黃色的長褲，青色有著亮閃閃釦子的外衣，叫他看起來很出眾。

赫倫貝堡在默默無言之下，透過金邊眼鏡掃視著學生，再迅速的瞧瞧傑布滋亞老師攤開在桌子上面的書本。

「大夥兒在做針線工作時，你唸給她們聽對不對？那是什麼書本呀？」督學如此的問。

「那是庫魯洛夫的童話集，今天剛開始閱讀。」

赫倫貝堡也知道俄文寫成的那本書。他認為，這一本書可以閱讀。

接著，赫倫貝堡翻開一個學生的桌子蓋子。裡面空無一物。女學生們停止了縫鈕釦眼的手，很有禮貌的等待著督學訓話。很遺憾的是——督學沒有一雙法眼，看不出女學生裝成一本正經之下，眼睛裡所蘊藏的畏懼、狡黠，以及憎惡的神情。

「傑布茲亞老師，你從這些學生中選一個人出來吧！」

聽了這一句話，傑布茲亞老師放下了心裡的一個重擔。因為，他可以選擇一個不會添麻煩的學生。不過，這個學生卻在禱告著：

「神啊，請您保佑，千萬別選上我……」

那時，瑪妮雅並沒有聽到神在說：「瑪莉亞，妳不是學到了把討厭的事情當成歡悅的事情表現出來嗎？現在，全世界就要看妳表演囉？」

不過，瑪妮雅卻是聽到了老師叫她的聲音。

瑪妮雅站立了起來。她的身體一下子感到冰冷，一會兒又感到燠熱。又由於感到害臊，喉嚨好像就要淤塞一般。

「妳對主禱告吧！」

赫倫貝堡下達了命令。

瑪妮雅依照吩咐，使用流利的俄語禱告。依照她的國家習慣，禱告文都是使用拉丁文唸出來，但是，俄國的皇帝下令不能那樣做。因此，方才改為使用俄語唸禱告文。

「妳就舉出艾卡德利納二世以後，我國神聖的皇帝名字吧！」

「艾卡德利納二世，巴貝爾一世，亞力山大一世，尼古拉一世，亞力山大二世……」

瑪妮雅有如生於聖彼得堡（那時的俄國首都）一般，以完整流利的俄語背誦。

「那麼，妳再說出皇帝一家人的稱號吧！」

「皇后陛下，亞力山大殿下，大公殿下……」

「很好！那麼，誰在統治我們呢？」

瑪妮雅遲疑了一下。

「誰在統治我們呀？」

督學有些不耐煩的重複。

瑪妮雅的臉孔變成蒼白，結結巴巴的說：

「是全俄國的皇帝，亞力山大二世陛下。」

視察完畢後，督學對於自己看到的，聽到的，都感覺到滿意，認為已經很圓滿的達成了自己的任務，歡歡喜喜的回去。

這時，瑪妮雅緊繃的神經終於鬆弛了下來，她哭了，哭得非常的厲害，好像胸口就要裂開似的。

下課走到外面以後，那些興奮的孩子們，紛紛對於來迎接的伯母、母親，或者奶媽說及在學校發生的事情。但是，他們都是放低聲調說。因為，他們擔心在附近走動的人，很可能是情報人員，而即使是小孩兒所說的事情，情報人員都會向政府密告之故。

海倫娜跟瑪妮雅從兩側抓住了柳婕伯母的手。

「督學問了瑪妮雅很多的問題，」海倫娜小聲的說：「瑪妮雅都很流利的回答呢！可是，回答過以後，她卻有如嬰兒一般的哭出來。總而言之，督學並沒有任何的抱怨。」

瑪妮雅默然不作聲。

因為，瑪妮雅有一些厭惡自己。她不喜歡自己看到俄國督學時的那一分不自在，厭惡自己有如奴隸一般，以及時常的言不由衷，說謊話。

瑪妮雅拉著柳婕伯母的手，想起了一切她所討厭的事情。

那個「鬼怪」把瑪妮雅的父親趕出了學校。為了生計，瑪妮雅家裡不得不收留幾個住宿的學生。這實在是一件非常煩人的事情，為此一家人感到非常的不便，以及不幸。不過，比起喪失蘇西雅的不幸來，那些事情也不算什麼了。

蘇西雅時常為瑪妮雅說故事，傾聽瑪妮雅所說的任何話兒。可這個很關心瑪妮雅的蘇西雅，很不幸的被一名住宿的學生傳染了傷寒，永久地離開了瑪妮雅。

瑪妮雅三個人走過日光照耀的冰雪覆蓋的公園，朝向華沙的老街舉步。

那一條街道很狹窄，兩旁排列著覆蓋白雪的傾斜屋頂。街道的拐彎處，時常出現聖母瑪莉亞的面孔，古怪的石刻動物，以及小巧的雕刻品。

突然地，在她們三個人頭上的天空，紛紛響起了教會清澈的鐘聲，原來，這附近有很多的教會。在以往，柳婕伯母就時常到其中的一個教會做彌撒。現在，她就帶著兩個女孩兒從教會的幽暗入口處進去。

如今，蘇西雅已經不在人間了，瑪妮雅進去教會幹嘛？話雖然如此，她還是進去了，因為，她的內心裡有一種冷澈如冰的恐怖感。

瑪妮雅乞求神讓母親的病好起來。

「神啊，您就讓母親的病好起來吧！」瑪妮雅如此的祈求著：「我寧願替代母親死去！」

再一度走到寒冷的戶外後，柳婕伯母提出了一個叫人感到興奮的提案。她表示為了到市場的船隻上購買蘋果起見，不妨走到威士茲拉河岸。

聽到了這一句話，孩子們忘懷了悲哀，奔下通到河岸的階梯。

巨大的威士茲拉河，此刻正掀起了黃黑色的波浪，拍打著低低的沙洲。好幾艘巨大的空貨船，忙碌著在河裡上上下下，有時會撞到岸邊的浴水場，或者洗衣場而發出轟隆的聲音。

在這個隆冬的季節裡，兩艘長長的蘋果船周圍揚溢著一片活力。這兩艘船為了華沙的孩子們，從千里迢迢的上游運來玫瑰色的蘋果。

穿著羊皮大衣的伯伯們，雖然在貨船上面辛苦的工作，在威士茲拉河船行了好多天，但是，為了證明他們運回來的蘋果不曾遭受到霜害起見，仍然很起勁的掀開蓋在蘋果上面的乾草，讓顧客們瞧瞧。

首先是海倫娜，繼而，瑪妮雅也拋掉書包跟暖手筒，很興奮的開始選蘋果。她們不停的把蘋果放入巨大的楊柳籃子裡面，準備帶回家。偶然地找到腐壞的蘋果時，她倆就比賽誰能夠把蘋果拋遠一些，而那些蘋果老是掉入河流裡面。

柳婕伯母僱用一個少年把盛蘋果的籃子搬到家裡，再把咀嚼著最紅蘋果的兩個女孩子，從船上帶到岸邊。

到了下午五點，在家的孩子們吃了比蘋果更為實惠的點心。

吃完了點心以後，圍繞著大桌子做起了功課。不久以後，孩子們說出了嘎啦嘎啦，叫人聽起來感到煩厭的俄語。除了波蘭以外，在任何的國家裡，這是叫人很難以忍受的習慣。然而，孩子們是非學俄語不行的。

以數學來說，使用俄語來學習的話，對於波蘭的孩子來說，將變成一項很沈重的負擔。不管是法文或者德文的文法，都必需利用俄文學習，碰到不懂的地方，必需翻開俄文的辭典調查。

當然啦，逢到對自己說明艱難的問題時，可以使用波蘭語，但是到了翌日上課時，非得使用俄文說明不可。

甚至對於幾何的問題，仍然要利用外國語解釋，就是連作文也不能使用自己國家的言語書寫。

而法語方面，也必須直接譯成俄語。因此，讀起書來非常的吃力。

只有瑪妮雅一個人像會變魔術似的。她就算不讀書，也可以憑魔術知道很多的事情。逢到非背俄文詩不可時，她只要讀過兩遍，就可以一字不差的背誦出來。她實在是非常厲害的小不點兒。

同時，瑪妮雅也是很親切的小不點兒。逢到她做完了家庭作業，仍然有時間的話，她就幫助別的孩子們解開艱難的題目。

不過，瑪妮雅並非老是如此的做。只要有讀書的機會，她就會在桌子上面豎起兩肘，在兩肘之間放置課本，再利用兩手塞住耳朵，拒絕聽海倫娜背書的聲音，一心一意的用功。

逢到瑪妮雅在用功時，不管家裡的人想擾亂，故意使馬口鐵罐子卡啦卡啦作響，或甚至發出動物園的動物逃跑的聲音，都不可能影響到她。一直到閱讀完畢為止，瑪妮雅不會聽到任何的聲音。這正是所謂精神的集中，也是上天給瑪妮雅的最佳禮物。

有一天，瑪妮雅在閱讀時，其他的孩子在她的周圍把椅子疊了起來。瑪妮雅的兩側有兩張疊起的椅子，背後也有三張疊起的椅子。但是，瑪妮雅完全聽不到任何的聲音，更看不到椅子的黑影，以及惡作劇的孩子。

甚至惡作劇者在竊竊私語，以及抑制嘻笑聲時，她也完全沒有感覺到。

待她好不容易讀完書時，一抬起頭來，椅子就嘩啦嘩啦的掉了下來，孩子們大聲的哈哈笑，然而，瑪妮雅一點也不覺得好笑。她揉揉被砸痛的肩膀，走過姊姊的身旁時，只說了一句：

「害人精！」

然後，走進了隔壁的房間。

到了就寢時間時，史庫洛夫斯基家的女孩子們，就會在餐廳的椅子上面鋪野獸皮睡覺。臥室必需留給付錢的學生使用。不過，到了三更半夜，那時獸皮就會滑下來，叫女孩子們感到寒冷。

到了翌日，必需在天還沒亮時就起身。為了準備學生的早餐，必需整理餐廳，以及做早餐的緣故。

不過，這些事情並不叫瑪妮雅操心。只是，母親的病況一天比一天嚴重，關於這一件事情，瑪妮雅比任何人都清楚。

Sigl

瑪妮雅時時向著神禱告。但是，神似乎沒有理睬十歲的瑪妮雅的禱告。到了那一年的春季五月，瑪妮雅將滿十一歲之前，母親對她囁嚅著說：「我愛妳……」之後，就離開了這個世界。

瑪妮雅學了很多的事情。她知道在做人方面不管是國王，國民，成年人以及孩子們都需要有勇氣。

對於人生方面，瑪妮雅有她自己的想法。她認為人生實在太不公平，很悲哀，實在叫她無從理解。瑪妮雅有著滿腔的憤怒。因此，逐漸的失去了她的天真。

# 第三章　反叛者

十四歲的瑪妮雅並沒有姊姊們的標緻。布洛妮雅穿起了幾乎拖地的長裙子，已經變成十足的成年人。她的金髮束在背後。她替代母親做家事，並照料居住於家裡的學生。約瑟夫已經十六歲，長得漂亮，皮膚白嫩，個兒高眺英俊，正上著醫學院，為一名大學生。

女孩子們也很想上大學。但是，俄國所支配的波蘭不允許女子上大學。想更進一步深造的話，則只能自己閱讀書本，或者到外國唸書。

目前，瑪妮雅對自己的處境還滿足。她已經上了高中，就彷彿擁有很多胡桃的松鼠一般，感覺到很幸福。不過，她很擔心布洛妮雅的事情。

布洛妮雅不上學的話，又能夠做些什麼事情呢？

瑪妮兒在想——自己難道不能幫助布洛妮雅到外國進修一些女人應該知道的事情嗎？想到此地，瑪妮雅決定要去賺錢，幫助姊姊完成大學教育。為了達到這個目的，最好的辦法是——以優秀的成績從學校畢業。

那一天早晨，瑪妮雅很快的吃完了早餐。她匆匆地從南希那兒把肉搶過來，迅速的做著午餐用的三明治，否則的話，就會遲到了。

南希撲向最後的那一些羊肉。那些羊肉是用來夾三明治吃的。瑪妮雅的思維雖然被打斷，但是，她終於把羊肉搶了過來。

南希也者，乃是一隻紅毛的獵狗，頗獲家族的寵愛。牠的耳朵、尾巴以及雙腳長著金色的毛穗子，長相很可愛，又漂亮，但是，一直都在作叫人感到頭疼的事情。

照理說，牠應該成為一隻很懂事的狗兒，但是，並沒有人調教過牠，難怪牠要胡作非為了。不僅如此而已，哥哥、姊姊以及瑪妮雅，一天到晚只會寵著南希，不是擁抱牠，就是吻牠，把牠給慣壞啦！

南希不守本分，一直睡在沙發上面，而且，使用牠的尾巴打翻花瓶，偷吃人家的午餐，逢到有賓客上門時，總是拼命的吠叫，嚇得賓客再也不敢進門。

有時，南希也會大模大樣的接過賓客的帽子以及手套，但是，賓客在收回這些東西時，往往會發覺它們已經被糟蹋得不像樣。

瑪妮雅好不容易包好了午餐，把書包搭在肩膀上面，告訴南希好好的看家之後，就朝著學校走去。

走到了沙摩斯基伯爵居住的青色宅第時，瑪妮雅稍微停下來，她在守著中庭的巨大青銅獅子前面，稍稍思考了一下，再伸手到獅子的嘴巴裡面，把沈重的環子推到獅子的子上面。

「啊！瑪妮雅，妳別走！」上面的窗邊響起了一陣聲音：「卡潔立刻就下去。」

瑪妮雅時常跟卡潔一起到學校。卡潔在伯爵家擔任圖書管理。如果，卡潔有事不能立刻下來時，瑪妮雅就會把青銅的環子往上拉起，如此，卡潔就會知道瑪妮雅先走了。

「下午，妳來喝茶吧！」卡潔的母親大聲的說：「我準備了妳喜歡吃的巧克力。」

「瑪妮雅，妳一定要光臨哦。啊，已經不早啦！我們就快走吧！」

兩個少女走過狹窄的小路，穿過公園，快步的在趕路。她倆並不在意彼此間很大的差別……卡潔穿著很漂亮，只要看她一眼就知道，她備受父母的疼愛。而瑪妮雅卻穿著寒酸，好像沒有人在關心她似的。

到學校有一段相當長的路程，是故在途中，她倆會耍耍嘴皮子，或者做些小遊戲。

在下雨天裡，她倆穿著長統鞋，在水灘裡面艱難的移動腳步。逢到放晴的日子，她倆就會玩所謂「緣」的遊戲。

「我們到店子裡面購買新練習簿好嗎？我發現了一些綠色封皮的練習簿。」

不過，卡潔並沒有上鉤。她一聽到瑪妮雅說出一個「綠」字後，趁著瑪妮雅還沒有全部說完以前，從口袋裡取出預先準備好的綠色天鵝絨布，交給了瑪妮雅。如此一來，瑪妮雅就可以逃過罰金，暫時之間，不必做任何的事情。

瑪妮雅提起了上歷史課的事情：

「那時，老師說：『波蘭只不過是俄國的領土，而波蘭話也只是一種方言而已。』不過，老師說這一句話時，情緒好像不怎麼好。他始終不看我們。他的臉色好蒼白。」

「我懂啦！老師變成了綠色。」

卡潔說。

「啊！我們走過紀念碑啦！我們必需回頭！」

瑪妮雅驚叫了起來。

於是，兩個少女又走回莎克斯廣場。

在那兒，有一個由四隻獅子支撐的高塔。該塔刻著「給對祖國忠實的波蘭人」這是俄國皇帝為叛逆祖國的波蘭人（為俄國而戰死的波蘭人）所立的紀念碑。

走過這個紀念碑的忠實波蘭人都有一種義務，那就是——對著紀念碑吐口水。瑪妮雅跟卡潔自然也不例外，就算是遲到，她倆也必需對紀念碑吐口水以後，再上路。

「今夜，妳會來看跳舞嗎？」

瑪妮雅問。

當然啦，卡潔是會去的。在史庫洛夫斯基家裡每星期都有兩、三個家族集合在一起召開舞會。

不過，只有進入社交界的女子方才能夠跳舞。像瑪妮雅與卡潔等少女，只有靜坐著觀看的分。但是，她倆大體上已經知道如何的移動腳步。她倆喜歡研究舞步，或者記下曲子。待大人們跳完以後，她倆也一道練習。

兩個少女鑽過學校的拱門，朝向校庭走過去，一面談論著進入社交界的樂趣。那一棟巨大、褪色的三樓建築物，已經陸陸續續有很多少女集攏過來。在那兒，揚溢著笑聲、交談聲，以及爽朗的打招呼聲。

其中，只有一個少女好像要避開眾人一般，急快的往前走。瑪妮雅及卡潔追上去瞧瞧，方才發現那少女哭紅了眼睛，就連身上的衣服也變成縐巴巴的。

「克妮卡，妳到底怎麼啦？」兩個少女很驚訝的問。

克妮卡蒼白的面孔上面，充滿了痛苦的表情。

「我哥哥……我哥哥……參加了造反的計劃……已經有三天不知去向了……一直到今天我方才知道，在明天的黎明，他將被處絞首刑。」

兩個少女不能一下子就明白克妮卡在說一些什麼？於是，她倆把克妮卡拉到一旁，半蹲著身子問克妮卡理由，再盡量的安慰她。

可是，對於一個哥哥將被處於絞刑的少女，又能夠以什麼方法安慰她呢？

瑪妮雅與卡潔都認識克妮卡年輕而爽朗的哥哥。因為，他也是這兩個少女的朋友。這個年輕人從來就不曾做過壞事，為何會被處死刑呢？

「好啦！動作快一些！妳們的話已經說得太多啦！」

德國婦女的訓導主任——麥耶兒小姐很不耐煩的說。

現在，三個少女只好把悲哀隱藏起來，一齊步入教室裡面。此地再也不是瑪妮雅小時所上的私立學校，而變成了俄國政府所經營的公立女子高中。

以這個學校來說，除了學生以外，一切都屬於俄國的風格。波蘭的孩子們所以會到此地上學，不外是能夠獲得找到工作的種種證件。

雖然波蘭的孩子們到這兒上學，但是，每一個人都是反叛者，比起大人們來更敢於自由的表示自己的意見。瑪妮雅、卡潔兩個少女暗地裡嘲笑俄國的教師，以及德國人的校長，尤其是把麥耶兒小姐形容成一個老怪物，再莞爾一笑。

麥耶兒小姐對瑪妮雅也不懷著好感。這一位身材矮小，皮膚黑的麥耶兒小姐一向穿著柔軟的拖鞋，如此一來，她走動時不會發出任何的腳步聲。她就藉著這種方式，在少女之間打探情報。

「那個叫瑪妮雅的女孩兒，無論對她怎麼說，都沒有反應，彷彿向著牆壁拋豌豆一般！」麥耶兒小姐時常如此的說。

「瑪妮雅！妳就瞧瞧妳那個可笑的滿頭蓬鬆鬈髮吧！我不是告訴妳好多遍了嗎？在上學以前，頭髮要梳好。好吧！妳過來！我就把妳梳成女學生的模樣！」

「就梳成德國少女的模樣？」

瑪妮雅在內心裡如此的想。

麥耶兒小姐以梳過大家頭髮的梳子，用勁的梳瑪妮雅的頭髮。然而，不管她如何的用盡力氣梳，那一頭鬈曲的頭髮仍然繼續的反抗。瑪妮雅一頭柔細、漂亮，但是頑強的頭髮，仍然垂在瑪妮雅反抗性的圓臉四周。

「妳不要以那種眼光看我！妳沒有卑視我的權利！」

麥耶兒小姐嚷叫了起來。

「可是，我沒有辦法呀！」

瑪妮雅說了真話。因為瑪妮雅整整比麥耶兒小姐高出了一個頭的緣故。同時，瑪妮雅在內心裡感到沾沾自喜，因為，有時一句話會有兩種的意義。

但是話又說回來啦！仍然有一些教師受到學生的愛戴。

因為，有幾個教師是波蘭人的緣故。

最叫瑪妮雅等人感到驚訝的是，有一些俄國教師竟然同情波蘭。學生們也開始知道，俄國人也有反抗政府者。有些俄國教師竟然把歌頌革命的詩集送給學生呢！

這種無言的行為，成為學校裡的話題，學生們不約而同以驚訝與尊敬的眼光看著那些教師。

事實上，波蘭人也可以跟俄國人一塊生活呢！

就以這個學校的學生來說，不僅有波蘭人，猶太人，也有俄國人。而且，大夥兒都相處得很好。

嚴格地說來，學校並沒有人種方面的差別。不過，一旦到了學校外面，大家都會分散開來。理由是——大家都想避開間諜的緣故。

雖然有這些叫人感到頭疼的事情，但是，瑪妮雅仍然很喜歡學校。在休假時，瑪妮雅有些難為情的對卡潔說：

「卡潔啊，我喜歡學校。我如此一說，妳會不會笑我呢？可是，我確實喜歡學校，甚至可以說，我非常的喜歡學校。不過，這並非意味著，我對它戀戀不捨。正因為我喜歡學校，所以想到新學期時不會感到悲哀，雖然還有兩年才能畢業，我也不會感到厭倦。」

但是在那一天，麥耶兒小姐吆喝瑪妮雅進入教室時，瑪妮雅完全沒有想到學校的事情。在那一天的上午，瑪妮雅浴著和煦的陽光，幻想著音樂以及舞蹈之類的事情，再跟卡潔談笑，然而，她眼前的世界突然的改變——

她的四周仍然有老師授課的聲音，但是，它們竟然溜過了瑪妮雅的耳朵。她的眼前展現了那一個善良青年的面孔，以及有著一個絞首台的黎明光景。在那一夜，瑪妮雅再也不曾想到舞會的事情。

瑪妮雅、布洛妮雅、海倫娜、卡潔，以及卡潔的妹子烏絲拉等少女，陪著克妮卡整夜不曾睡覺。她們一夥少女思念著那個非死不可的青年，通宵不闔眼。這也是天主教徒的一種習慣，為了思念以及追思，他們可以通宵不闔眼。

五個少女跟克妮卡坐在一起。比起這些少女來，我們可以說非常的幸福，正因為如此，無法想像到她們的感觸。

這一件事情，跟心愛的人自然地死去，有著很大的不同，關於這一件事情，就連孩子們也知道。人類的殘酷，使一件錯誤的血腥事件將污及神聖的黎明，而且，時間又一刻一刻地逼近，對於熬夜的一群少女來說，沒有比這件事更為可怕的事情了。

她們必定是默默無言的熬過了那一夜。因為，她們根本就做不了任何的事情，充其，只能夠無窮盡的追思而已。

六個年輕的波蘭女孩都懷著反抗之心。她們盡可能的為克妮卡做一些事情，內心裡充滿了同情。她們為克妮卡做一些暖和的飲料，溫柔的使用兩手抱她，為她拭乾眼淚。

突然間，有一道新的光線射進來，她們察覺到那並非燭光。

旋即，天空出現了一線的紅光，紅色的黎明終於來臨。六名少女用手掩著充滿恐怖感的面孔，很快的跪下去，為死去的年輕造反者做了最後的禱告。

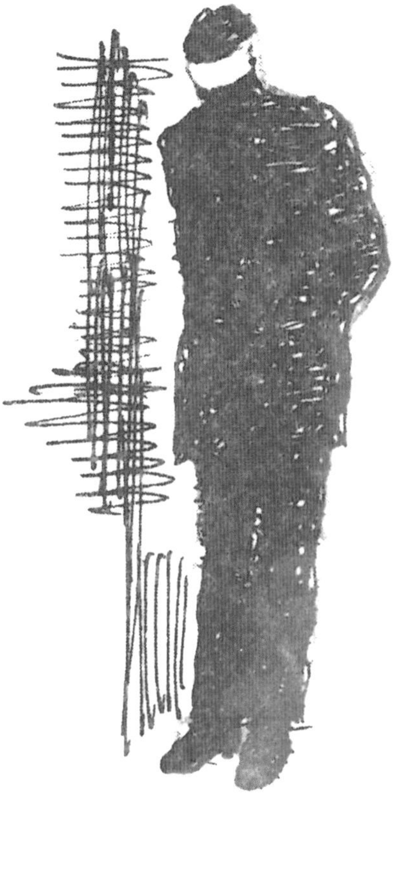

# 第四章　整整一年的休假

瑪妮雅已經十五歲了。金牌頒發的日子來臨。以家族來說，瑪妮雅獲得的金牌是第三個。那是溽熱的六月天。瑪妮雅也跟其他的得獎者一樣，穿著黑色的衣服，腰帶附有一束「茶玫瑰」（有著茶香的玫瑰花）。

很多人湧到瑪妮雅身邊，為的是——對她說一聲恭喜，或者跟她握握手。待所有的儀式都宣告完畢後，瑪妮雅很驕傲的握著父親的手，永遠的離開這一所女子高中。

父親答應給瑪妮雅一年的休假。

乖乖……有長達一年的假期呢！那是與眾不同的禮物。瑪妮亞不知父親給她漫長假期的原因，不過，她真的非常用功，而且，在很短的時期間就讀完了高中。

瑪妮雅的父親認為，她必需等著同年齡的少女們追上她，而最好又最快樂的方法不外休假。

如此一來，瑪妮雅由勤勉的少女變成一條大懶蟲每天都盡情的遊玩。瑪妮雅寫了一封信給卡潔。

親愛的小惡魔：現在，我再也不相信有什麼代數、幾何的存在了。因爲，我已經完全的忘掉了它們。如今，我也不再刺繡了。我什麼事情也不做呢！大體上說來，我在十點鐘起床，偶爾也會在六點鐘左右爬了起來。當然啦，我說的是上午。可是，我再也不讀書了，就算偶爾翻一下書本，看的無非是故事集，或者是童話之類的小說。

我實在是傻瓜中的第一號傻瓜。有時，我也會由於自己太傻而笑出聲來呢！我們這一夥人喜歡在森林裡面漫無目的的走，有時也打打羽毛球——但是，我都是必輸無贏。

我們也玩攻陷陣地的遊戲，或者抓人遊戲，反正都是一些必需驅使腦筋的遊戲就是了。

森林裡到處都有野草莓。只要有一個銅幣，就可以購買到足可吃到飽的草莓。也就是說，使用一個湯盤子也裝不完，還會掉出一部分呢！

叫我感到很遺憾的一件事情，也就是野草莓的季節快要結束了。但是，我的胃袋是一個無底洞，似乎永遠也吃不飽，我眞爲自己的食欲感到汗顏呢！

對啦！我也盪鞦韆，盪得半天高。還會玩水，夜晚拿著火把到溪中捉蝦。

我們已碰到了一位紅演員。他爲我們唱歌，也朗誦詩歌，更爲我們收集了很多的酸栗。我們也使用青色的矢車菊，白色的瞿麥，以及延命菊做一個王冠送給他。他歡天喜地的戴上王冠，待火車進站後，他方才把王冠放入他的手提箱裡面。

在那整整的一年，瑪妮雅都在鄉村度過。瑪妮雅一向很喜歡鄉村。她仔細的觀察著四季的交替，在季節交替的時期，她都會發現到波蘭大地的新鮮與美麗。

伯父的克沙畢爾居住於斯波拉的平原。在那兒，能夠看到平坦的土地連綿到遙遠的地平線。在這一片綠色的大地裡，有著好幾片被耕耘的茶色土地。

伯父的馬廄裡面飼養著很多的馬兒。瑪妮雅就在那兒練習騎馬兒。至於騎馬的服裝方面一點也不成為問題。瑪妮雅從堂兄那兒借來大的長褲，再把過長的褲管捲起來一部分，最後使用布帶子把它綁牢於腿上就行了。

瑪妮雅用左手抓著韁繩，用右手抓著馬兒的鬃毛，左腳踏著鐙，右腳放在馬鞍上面，看看伯父以及堂兄的做法，準備從事最初的冒險。

不過，馬兒的背部太高了！不管瑪妮雅如何的跳，溫柔的老馬靜靜地等著她的坐騎，但是，瑪妮雅始終不能爬到馬兒的背部。

「加油呀！」伯父大聲叫著。

不過，堂兄弟們還是教了瑪妮雅騎馬的訣竅。例如——在跳到馬兒背部以前，背對著馬兒頭部站立的方法，利用方便的假山等等。最後，還當場表演給瑪妮雅瞧瞧，正確地跳到馬鞍上面的方法。

瑪妮雅的夢想是——騎在馬兒的背上，到廣大平原的各處看看。

不久以後，瑪妮雅學到在馬兒疾步時，從馬鞍把腰部抬高，而逢到馬兒急馳時，則緊緊地坐在馬鞍上面。瑪妮雅到新的村莊探險，會見了她以前不認識的人，而且比以前更清楚的知道，有關波蘭平原的種種事情。

想不到，還有一件更大的喜悅在等著瑪妮雅。她到一位名叫斯西斯拉夫的叔叔家過冬。這一位叔叔的名字叫起來很拗口，以致外國人很難正確的發音。他居住於卡爾巴傑山脈裡面。瑪妮雅生平第一次看到白皚皚的雪山，以及使雪山看起來更白的黑色松林。

瑪妮雅很想穿過松林，走到沒有白雪覆蓋的地方。

她走在七拐八彎的山路上面，舉行了一次長時間的散步。山路時常通到斷崖邊緣就

止住，以致，她必需循著原路回去。有時，山路也通到山頂的小茅屋。瑪妮雅跟堂兄弟們進入裡面，看著茅屋的主人在工作。這個山脈一帶的人都是雕刻的名手，即使是最為簡單的家具都充滿了藝術氣息。

他們很喜觀展示自己的作品。當孩子們誇獎他們的作品時，他們就會很大方的從櫥櫃裡取出小小的木刻娃娃、木杯，以及木製玩具、雕刻的畫片等送給孩子們。

漫無目的地走了一陣子以後，瑪妮雅來到了山頂的小湖泊。那個湖泊好像是由山水所形成的田園似的。這個湖泊被取名為「海之眼睛」。因為，處在雪山頂上的那個湖泊實在太美，以致，瑪妮雅認為全國的寶玉都集中在此地呢！

叔叔家的生活很熱鬧。

這一位叔叔一向喜歡熱鬧的生活方式，長相標緻的嬸嬸亦復如此。他倆的三個女兒整天在嬉笑。正因為如此，瑪妮雅也跟她們樂在一起。賓客們也絡驛不絕。逢到了冬季，有所謂「庫利克」的狂歡節，為了在這一天展示，女孩子們都會縫製漂亮的衣裳。

瑪妮雅頭一次參加狂歡節的感觸是「太叫人興奮」！

那一天的夜晚並不黑暗。北國的白雪把附近一帶照耀得很明亮。瑪妮雅跟三個堂兄弟裹著毛毯，打扮成克拉克地方農民的模樣，戴上假面具後，分乘兩部雪橇。

駕駛者為穿著農民服裝的年輕人，他們手中的火炬把四周照耀成白晝一般的明亮。穿過了黑暗的森林以後，其他成為點狀的火炬就集中在一起。

突然間，寒冷的夜晚充滿了悅耳的音樂。原來，載著四個猶太人的音樂隊雪橇翩然地來臨。在兩天兩夜裡，他們的小提琴奏出了叫人雀躍的音樂。他們奏出華爾茲或者輕快的波蘭舞曲時，大夥兒就會配合著合唱，以致，整個夜晚充滿了輕快的音符，以及嘻嘻哈哈的笑聲。

隨著猶太人的演奏，其他的雪橇在黑暗中出現，三個、五個、十個地增加。這些矮小的樂手們在冰冷的星空之下，一邊走著一邊演奏，然而，就算他們走在陡峭的山坡，或者有如玻璃一般光滑的拐角時，也不致於弄錯曲調。

一夥人來到了最初的農家時，使雪橇及馬具嘩啦嘩啦地作響。大夥兒一面談笑，一面高聲的歌唱，並且敲打門戶，把屋裡裝睡的人們叫醒。

進入屋裡以後，樂手們立刻被拉到桌子上面，大夥兒就在火炬的照耀之下婆娑起舞。

不久後，晚餐被端了出來，在吃過晚餐之後，隨著一聲信號之下，那一戶農家又變成空盪盪的酒桶，馬匹、雪橇以及人們都消失了。加上了這一個農家的雪橇，變成比以前更大的行列，穿過了一片蓊鬱的森林，又朝向別的農家前進。

由新馬兒所拉的雪橇想趕過其他的雪橇，以致，走出了道路，在一堆新雪中翻倒。看到了這種情形，一夥人就停止了下來，使火炬在夜風中搖曳著，圍成一個半圓形，幫助受難的伙伴，抬起了雪橇，揮揮坐位上面的雪水。

只隔了一小段時間，清脆的雪橇鈴聲又響徹於夜空，但是，樂手們卻不見了，沒有人知道他們的去處。在前面的雪橇為了想找到他們，不停的在加快速度。但是，他們很快就知道樂手並沒有往那一條路走。隨著一陣「停止！」的聲音，大夥兒停止下來。

原來，在中途有一條岔路，樂手們可能往那一條路走了。大夥兒感到憂心如焚。

如果找不到樂手的話，到了下一個農家將如何的跳舞呢？所幸，在這個時候，有人聽到比鈴聲更為高亢的小提琴聲音。於是，行列又被整理好，再朝著下一個農家前進。

太陽東昇……太陽又西沈……太陽又再度東昇。

那些拉小提琴的仁兄，好像連吃飯以及睡覺的時間都沒呢！到了第二晚，那個更為壯觀的行列，帶著一大群鳴著鼻的馬兒，以及一連串的鈴聲，停留於村莊裡最大的農家前面，準備舉行正式的舞蹈會。

那些矮小的小提琴演奏者都更為賣力的演奏。賓客們也都就了跳圓形舞蹈的位置。接著，氣質很高雅，穿著刺繡白衣服的青年，從群眾中帶出了最擅長於舞蹈的女孩兒，她也就是瑪妮雅。

瑪妮雅穿著天鵝絨的上衣，有著兩個麻布的巨大蓬蓬袖。她還戴著星星一般的帽子，並且，垂下了兩條長長的明亮緞帶，很像一個山區的姑娘。

瑪妮雅跟大夥兒整整跳了一個夜晚，到了翌日的早晨，方才跳了最後的波蘭舞。

「我從來就沒有這樣的快樂過呢！」

瑪妮雅如此一說，嬸嬸笑著回答她：

「既然妳如此的喜歡狂歡節，那麼，妳的婚禮也可以採取這種方式啊！」

不過，休假的樂趣並沒有結束。瑪妮雅母親昔日的教女，今天已經變成伯爵夫人的法蘿莉女士，叫海倫娜跟瑪妮雅到她家遊玩。

伯爵夫人的房子建造於兩條河流所夾的地面上。瑪妮雅從她的房間可觀賞到兩條河流交合點的美麗風景。同時她也在河流裡學會划船。

「我倆都自由自在的生活著。」瑪妮雅的家書如此的寫著。

瑪妮雅跟海倫娜在夜晚已經睡得很充足，偶爾仍然要睡午覺。興之所至，也會翩翩起舞，有時，也會做一些連自己都會感覺到莫名其妙的事情。看起來，她倆是可以進入精神病院了。

瑪妮雅跟海倫娜也騎馬散步，到荒野採香菇，偶爾也彼此的惡作劇，不是睡懶覺就是跳舞。

瑪妮雅有一次尋伯爵夫人哥哥的開心。瑪妮雅拜託伯爵夫人的哥哥到鎮上購買東西。一向忠厚老實的他，並不知道瑪妮雅在「使詐」，一口就答應。

因為，到鎮上有一段相當長的路程，因此，伯爵夫人的哥哥回來時天色已經黑了下來。他走進自己的房間時嚇得張大了嘴巴。原來，他房間裡面的床鋪、桌子、椅子、皮包以及衣服等的東西，都從天花板垂了下來，在半空中浮盪。他走過那兒時，臉孔被那些東西打了好幾下。

在某一天，伯爵家為特別來賓準備了午餐，但是，孩子們並不能同時吃飯。於是，在中午來臨以前，孩子們把那些美食佳餚吃個精光，再於空無一物的桌子旁邊，放置一個類似伯爵的草人。臉上還帶著滿足的表情呢！

至於那些把食物吃光的「犯人們」則溜之大吉，好似消失於空氣裡面似的！

到了伯爵夫婦的結婚紀念日，這一群充滿了活力的孩子們派出兩個代表，把一頂使用蔬菜製成的王冠送給伯爵夫婦。那一頂王冠足足有四十五公斤的重量。待伯爵夫婦坐到王座時，兩個代表呈上了這一頂王冠。其中年紀最小的一個孩子，朗誦了瑪妮雅為那一天所寫的一首詩。該詩的最後一段是這樣的——

為了慶祝聖路易的好日子，
邀請一個少年，一個少女，
舉行一次野餐吧！
我們一心一意想學您的寬宏與大量，
不過，在這日子還未來臨以前，
請您允許我們如此的作樂。

不過，伯爵夫婦並不想舉行野餐，而決心召開盛大的舞會。那一夜，海倫娜跟瑪妮雅想打扮成漂漂亮亮，但是，她倆並沒有多少錢，而舞會穿用的衣裳已經磨得快要破開了，她倆數了數身邊的金錢，再翻開衣裳仔細的瞧瞧。

她倆把褪色的薄紗拔下來之後，發覺這下面的布料還相當的新。如果使用青色的薄毛布替代的話，必定能夠叫人眼睛一亮。

除了補上青色薄毛布以外，如果再添上少許花邊的話，必定能夠使衣裳「起死回生」。她倆巧妙的針線工作，以及少許的錢或許能夠帶來奇蹟吧？

她倆就如此下了決定。

所幸，那些花兒還能夠派上用場，如今，剩下來的金錢可以購買兩雙鞋子。買回了鞋子，做完了針線工作，摘下了庭園的花兒以後，鏡子如此的對她兩人說：

「這樣就足夠啦！」

於是，瑪妮雅一直不停的跳舞，一直到磨破新鞋為止。到了翌日早晨，瑪妮雅就把那雙鞋子扔掉了。

# 第五章　波蘭的人們

瑪妮雅回到了華沙之後，她那一雙帶笑意的灰色大眼睛，不停的看著她不在時變化的周圍世界。她緊閉的上唇偶爾會向側面裂開，快樂的笑笑，但是，臉上的表情卻是一本正經。

史庫洛夫斯基也跟世上的父親們一樣，告訴他的孩子們，自己需要的錢必需自己去賺。瑪妮雅的父親再也不把房間租給學生了。那個小小的房子裡，只居住著他的一家人。史庫洛夫斯基再度領了薪水，他就利用這些薪水來付房租，付女傭人的工錢，以及用在生活方面。

史庫洛夫斯基一想到他再也不能教書，只能依靠少得可憐的退休金生活時，就會感到煩惱不已。他也跟人世的所有父親一樣，希望自己能夠賺足夠養家族的錢。

傍晚，父親坐在煤油燈旁時，發出了長長的嘆息。

如此一來，四對青色以及灰色的眼睛凝視著父親，猜到了父親的心事後，如此的安慰父親說：

「父親，請您不必操心，我們四個人都很年輕，身體也很健康，不愁沒錢賺啊！」

史庫洛夫斯基聽到了孩子們的安慰後，莞爾一笑。但是，他仍然感到擔心，自己並沒有在人生旅途獲得成功，孩子們到底能不能例外呢？

史庫洛夫斯基曾經拼命的讀過書。而且，他具有先天性的各種才能。話雖然如此的說，但是在生活方面，他始終沒有賺取過充分的金錢。

他很擔心孩子們是否會步上他的後塵？

這個禿頭，個兒矮小又肥胖的男人，穿著刷得很乾淨的黑上衣，坐在煤油燈下面。史庫洛夫斯基不管做任何事情都是仔細而有始有終，甚至他的筆跡、想法、說話的方式、行動都不無如此。他對子女們都一律採取嚴管的教育方式。

他每次帶孩子們去遠足以前，都要預先訂立旅程，逢到景色很宜人的地方，他都不厭其詳的對孩子們敘述景物的宜人之處。因為他非常的清楚，如果不這樣提醒孩子們的話，那些美景將被忽略的緣故。

當他帶著兒女們走到著名的古建築物前面時，就會娓娓地道出它的歷史。

對於父親，瑪妮雅無法找到任何的缺點。她從來就不敢看輕父親那種一絲不苟的為人處世態度。反倒認為父親是所有知識的泉源。

事實上，父親的學識很淵博，他幾乎無一不曉。年輕時，父親辛勞的工作積存一些金錢，利用那些金錢賺買學術方面的書籍以及雜誌，使自己在物理以及化學方面的知識不致於落人後。除了學希臘文及拉丁文之外，他還懂得其他五國的語文，但是，他認是這是一件應該的事。

史庫洛夫斯基也會寫詩，每逢到星期六的夜晚，他就會以美妙的聲音朗誦詩篇給他的兒女聽。受到了他的薰陶，他的兒女們也逐漸懂得偉大的文學。

逢到欲朗讀外國的文學作品給子女們聽時——譬如要朗讀狄更斯的《塊肉餘生記》給兒女們聽時，他就會把它譯成波蘭語，再朗讀。

瑪妮雅如此的寫信給她的朋友。

我家並沒有任何的變化。植物也很順利的在成長，杜鵑花朵為一片萬紫嫣紅的景象。懶狗的南希在地毯上面睡覺。我染了一件衣裳，來我家打工的考茲亞再重新把它縫了一下。

考茲亞剛剛縫好了一件布洛妮雅的衣裳。考茲亞的針線工作非常的靈巧，我們姊妹在這方面完全的不如她。我沒有很多時間，更沒有金錢。有一位婦女經人介紹，有意聘請我們爲家庭教師，想不到，布洛妮雅獅子大開口說，一小時要收費半個盧布，那一位婦女有如在逃離火災現場一般，很快速的逃了出去。

時到如今，不管待遇的好與壞，瑪妮雅非當家庭教師是不可了。在那個時代裡，除開家庭教師以外，婦女根本就沒有工作的機會。不過，瑪妮雅並沒有想到，她能夠收到多少的學生，以及能夠賺到多少錢？因為，她對這一方面從來就不靈光。

瑪妮雅也懷著很美的夢想，但是，那並非一般少女想結婚成家的美夢，也不是男孩兒想開火車頭的夢想。

瑪妮雅的美夢是針對著苦難的波蘭。她的美夢也就是助波蘭的復興。但是以十六歲的少女來，她又能為祖國做一些什麼呢？因為在她的腦子裡面，只有學校、父親以及書本所灌輸的知識而已。

不久後，瑪妮雅也知道，有不少人也跟她一般有著拯救波蘭的美夢。

這些比較激進的人，計劃對俄國皇帝丟炸彈。而有一些比較溫和的人們認為對著神禱告，神就能夠成全他們的願望。

瑪妮雅曾經把自己的護照借給革命派的婦女使用，但是，瑪妮雅的夢跟她們不相同。因為，她認為所謂的夢也者越靠近現實越好。換句話說，對眼前的一些事情著手最好，像是對波蘭的民眾施教，提高他們的教育水準，俄國人巴不得波蘭人一直停留於無知的境地。

為了使華沙成為偉大的文化中心，波蘭成為強國指導歐洲起見，必需孜孜不倦的教育波蘭的人民。

當時，新思潮正蔓延於英、法等的國家。瑪妮雅有一位長她十歲的朋友。他為了向波蘭人民灌輸這種新思潮起見，設置了一處所謂「翅膀大學」的秘密組織。

瑪妮雅、布洛妮雅、海倫娜都參加了這個新組織。這個小小的組織輪流在各會員的家裡研討學問。但是，他們所研討的學問並非怪異或者不尋常的事情，充其量，只是研究生理學、博物學以及解剖學而已。

話雖然如此說，逢到他們聽到敲門的聲音時，每一個人都會感到心驚膽寒。因為，一旦被警察逮到的話，他們非坐牢不可。

全員除了研討學問之外，同時也必需教導別的波蘭人。瑪妮雅為了窮人也能夠借書閱讀起見，收集了一些波蘭文的書本，建立了一個小小的圖書館。但是，在這些書本能夠發揮效力以前，他們必需教導大眾認識字，以及閱讀的方法。

有時，在波蘭人的工廠下班後，一些有心入會集合女子員工，由瑪妮雅教導她們認字，以及閱讀。那些員工們為了成為優秀的波蘭國民之故，很認真的閱讀書本，拼命的用心思考。在這種情形之下，根本就不必擔心有人會去告密。

爽朗而懂得禮節的瑪妮雅，雖然處在比自己年長，又粗野的女子員工之中，但是，絕對不抽煙，更不會口出穢語。

只是，瑪妮雅的一頭鬈曲的頭髮引人注目，因此，她就把它們剪短，但是她始終沒有察覺到，她把頭髮剪短了以後，使得自己看起來更像小女孩兒。

在那個時期裡，瑪妮雅忙得不亦樂乎，她必需授課、召開會議、描圖畫、寫詩，再閱讀六國的文字，學習偉大作家進步的思想。

不過對瑪妮雅來說，最叫她擔心的一件事情，不外是如何的安排布洛妮雅的出路。布洛妮雅的年華日益的老大，至少看在瑪妮雅的眼裡是如此。如果瑪妮雅不去關心布洛妮雅的話，那麼，又有誰會去關心她呢？

日復一日，瑪妮雅都在擔任著家庭教師的工作，不管是晴天、下雨天，瑪妮雅都得出門。那些有錢的人一直讓瑪妮雅在寒冷的走廊等候著。對這些人來說，瑪妮雅只是一名貧窮的家庭教師而已。

「史庫洛夫絲卡老師真對不起，今天，我的女兒起身晚了一點。不過，妳可以教她到規定的時間吧？」

到了月末，甚至有人忘了付費。

「史庫洛夫絲卡老師真對不起。我那當家的準備兩個月後一起付給妳。」不過在那時，瑪妮雅急著要那一筆錢。因為，她必需購買兩樣東西，因此，她一直在等待這一筆錢。

布洛妮雅的臉色很蒼白，而且老是一副病懨懨的樣子。瑪妮雅在旺盛的求知欲之下，很想上大學，但是在目前，她只好抑制自己的欲望了。

因為，瑪妮雅必需先幫布洛妮雅的忙。

有一天，瑪妮雅如此的說：

「布洛妮雅，我想過了很久。而且，我也跟父親談論過了，因為，我想到了一個方法。」

「到底是什麼方法呀？」布洛妮雅問。

瑪妮雅小心翼翼地，想上乘的表達她的意思。

「我說布洛妮雅啊，妳自己存下來的錢，能夠在巴黎生活多久呢！」

「把旅費計算在內，大概可以生活一年。可是，醫科得唸五年呀！」

布洛妮雅很快的回答。

「是嗎？一小時半盧布的家庭教師工作還沒有找到嗎？」

「是啊！」

「如果我倆都為自己存錢的話，兩個人必定都去不成。姊，如果是依照我的計劃進行的話，今年秋季，妳就可以搭上往巴黎的火車了！」

「瑪妮雅，妳沒有發瘋吧？」

「我才沒有發瘋呢！姊，首先，妳就使用自存下來的金錢吧！以後，我就會一次寄給妳一些錢。父親也會寄給妳。同時，我也要為自己存錢。待姊成了醫生以後，我就會動身到巴黎。那時就請妳幫我的忙。」

聽完了瑪妮雅的話，布洛妮雅的眼眶裡充滿了淚水。她知道對瑪妮雅來說，這個提案很重要。不過，她也認為這種計算有些古怪。

「瑪妮雅，妳怎麼能夠在維持自己的生活以外，幫助我，又同時存錢呢？」

布洛妮雅想不通的問。

「我可以辦到的！只要我找到管吃管住的家庭教師的工作，我就不必使用任何的金錢。這樣就不難解決了。」

「那不行！為什麼我一定要先走呢！妳腦筋比我好得多。妳早到巴黎，必定很快就會成功。到時，我再到巴黎也不遲。」

「布洛妮雅，妳的想法差矣！妳今年已經雙十年華了！我只有十七歲。妳已經等待很久啦！但是我還有時間，最好是依年歲的順序走。待妳成了醫生以後，妳就可以幫助我啦！」

就如此這般，在瑪妮雅十八歲生日的兩個月（九月）前，她穿著適合於家庭教師的服裝，坐在職業介紹所裡面，又長成很長的頭髮，使用髮夾子固定，又戴上了一頂帽子，衣裳很素雅，沒有任何的花紋之類。反正，瑪妮雅穿在身上以及佩戴的東西都毫不顯眼。

瑪妮雅緊握著畢業證書以及推薦狀，走到了坐在桌子對面的婦人面前。該婦人在仔細的看過推薦書以後，突然盯著瑪妮雅看，或者說，對她瞪眼比較恰當一些。

「妳真的完全懂德語、俄語、法語、波蘭語以及英語嗎？」該婦人表示懷疑的問。

「會的。只有英語差一些，不過，只是要參加考試的話，我仍然教得來。因為在高中時我獲得了金牌。」瑪妮雅回答。

「是這樣嗎？那麼，妳希望多少的報酬呢？」

「管吃管住，一年四百盧布。」

「好吧！如果有合適的工作，我會通知妳。」

聽到了這種不怎麼可靠的回答後，瑪妮雅走出了介紹所。

不久後，瑪妮雅成為某一個家庭的家庭教師。關於這一家的名稱恕我保密，因為，這家人不想要他們是否會被擺弄到悽慘命運的緣故。

總而言之，這一家的人為十八歲的瑪妮雅打開了一扇小小的門兒。事後，瑪妮雅曾經說過，透過那一扇門所呈現出的地獄，看起來，並非瑪妮雅能穿越過去的。

瑪妮雅是生來把自己才能貢獻給他人的人物，並非在他人支配下的不幸奴隸。這一個家庭雖然很富有，然而，卻有如冰山一般的對待家庭教師。

在別人面前，這一家人有如湯水一般的耗費金錢，但是，卻在不付費用之下，驅使了瑪妮雅六個月之久，而藉口要節省燈油，夜晚不允許瑪妮雅點燈。

這一家人跟別人面對面地交談時，盡量的承奉與巴結，一旦到了背後就口不擇言的損人，就算是他們的朋友，也不在例外。

瑪妮雅如此的寫信告訴她的堂兄弟。

這一家人使我想到——小說裡的人物也存在於現實社會。對於那些吝嗇又刻薄的人，即使是急需金錢，也不宜跟他們往來。

到了一段時間以後，雖然有了賺很多錢的機會，但是，瑪妮雅仍然沒有動搖她的信念，正是在她十八歲時，有過慘痛經驗所使然。

而且，瑪妮雅的計劃仍然沒有絲毫的進展。在市內那一個B家生活時，她察覺到每天仍然要使用少許的金錢。只是，時常能夠看到父親，不會趕不上「翅膀大學」的朋友進度，叫她感到非常的安慰。

不過，話又說回來啦！一旦訂立了計劃，就得把它付諸實施才行。以致，瑪妮雅認為不完全的離家是辦不妥事情的。她在想著——必需到偏僻的鄉村教書，如此她方才不必使用任何的金錢。必需做到這個地步，她方才能夠寄錢給巴黎的布洛妮雅。

不久後，瑪妮雅果真找到她希望的工作。

工作的地方在偏僻的鄉村，不過，薪水比她希望的一年四百盧布多了一些，多達五百盧布之譜。當然啦，那時的五百盧布跟現在的同額金錢不能相提並論，價值高出了好多倍。

但是，當瑪妮雅必需告訴父親她的新地址時，她感覺到心情很沈重，想不到，她的父親認為那兒並不太遠，也不算太偏僻。

到了一月，瑪妮雅朝向鄉村出發。那是冰雪已經下了好幾個月的波蘭之冬季。火車緩慢地出站時，瑪妮雅看著對她揮手的父親，認為在暫時之間，再也不能看到父親了。有生以來，瑪妮雅第一次感到孤單，內心裡感到悽涼，也感覺到有些畏縮。

如果，這一次偏僻鄉村的人也對她不親切的話，她也不可能從那兒逃出來啦！而且，一年比一年衰老的父親很可能會得病。這一次把父親單獨留下是對的嗎？在周圍逐漸變黑暗之中，冰覆蓋的平原有如飛一般的過去。瑪妮雅的眼眶噙滿了淚水，以致不能把景物看得很清楚。

搭乘了兩、三個小時的火車以後，又有一部雪橇來迎接瑪妮雅。她使用一塊獸皮覆蓋在膝蓋以後，雪橇就衝進靜謐的冬天雪夜裡面，只有雪橇的鈴聲打破了四周的寂靜。

雪橇又一口氣的跑了四個小時。

因為天氣實在很寒冷，瑪妮雅好似就要被凍僵了，況且肚子又感覺到飢腸轆轆，瑪妮雅以為那些馬兒永久也不會停下來呢！

就在這時，黑暗中出現了一個很大的光圈，接著，瑪妮雅又看到大開的門戶，原來，家裡的大大小小都站在大門外迎接。個兒高的那一家主人，還有他的老婆。幾個小孩兒緊緊的依在母親身邊，眼光中充滿了好奇。

女主人溫言柔語的迎接瑪妮雅。並且，端茶給她喝，並且把瑪妮雅帶到她的房間裡面。待女主人走出去以後，瑪妮雅把皮包裡面的行李取了出來。

瑪妮雅終於來到了偏僻的鄉下。她很滿足的看著擺著一些簡單家具的白色房間。

翌日早晨，瑪妮雅充滿了期待，她以為拉開窗以後，可以看到覆蓋著白雪的平原，或者隱藏在冰雪下的森林。結果呢？赫然地出現在她眼前的，是噴出黑煙的煙囪。瑪妮雅感覺到非常的失望，再度定睛瞧瞧。天哪！煙囪不止一根而已，而且，更有不少或大或小的煙囪呢！舉目望去，沒有任何樹木，甚至連草叢、竹籬笆都沒有。

原來，此地是利用甜菜製造砂糖的工業地帶。視野裡，僅是種植甜菜的田園。農民耕耘，種植以及收穫者都是甜菜。工廠清一色都是製造砂糖的地方。

這一座村莊由甜菜勞動者的小住宅所形成，瑪妮雅住進的房子正是甜菜管理人的家。在此地，河川也因為甜菜而顯混濁。

對於那些吐黑煙的工廠，瑪妮雅感覺到非常的失望，同時，她對於居住於附近大房子的年輕男女也感到訝然！因為，那些年輕男女所說的話，不外是──「某人說些什麼話」「某人如此如此的說」「我想穿那種衣服」「下一次的舞會要在哪兒召開」，以及「前一次的舞會有多長」等等。

有一天，僱用瑪妮雅的那一對夫婦在下午一點鐘方才從舞會回家，看到了這種情形，瑪妮雅忘掉了自己以前也在上午的八點鐘才從舞會回家，嚇了一大跳！

瑪妮雅在信裡如此寫著──

如果我擁有漫畫家一般才能的話，我一定會把這一家的大大小小都畫了出來，因爲，他們都具有當成漫畫表現的價值。

這個地方的女孩兒就像白鵝似的，不知道如何的打開她們的嘴巴。這一家的長女布蘭卡稍具備常識，對人生也抱持著相當的興趣，可說是一個很貴重的人物。

除了布蘭卡以外，西喬基家還有個淘氣鬼的小孩兒。他也就是布蘭卡的弟弟，也就是三歲的斯達士。這個孩兒為二樓住家的中心人物。他會在走廊上啪噠啪噠地走路，或者出現於蔓藤所覆蓋的陽台。反正啊，他什麼地方都可以去。

斯達士所說的話叫瑪妮雅感到滑稽。有一次，奶媽對斯達士說到處都有神的存在。想不到，斯達士很困惑的如此說：

「我不喜歡那樣。我擔心神會逮到我。對啦！神會不會咬我呢？」

瑪妮雅的學生安絲雅是十歲的女孩兒。每逢有賓客來臨時，她就會翹課，乃是一個缺乏沈著，長相很可愛的鄉下小姑娘。在每天裡有四個小時，瑪妮雅必需教這個女孩兒讀書。但是她時時的翹課，回家以後，她父母又把她帶回來。於是，只好從頭再來，使得課程不能依照計劃進行。

有時，安絲雅賴床不起身，逢到這種場合，瑪妮雅必需從床上把她拖下來，這也就是瑪妮雅最感到頭痛的差事。

在某一天的早晨，她為了這一件事情，在整整兩個小時內都無法息怒。

在一天之內，瑪妮雅感到最愉快的時間是跟布蘭卡一塊讀三小時的書，以及給家裡的人書寫冗長的信。

到了復活節，我準備回到華沙。想到此地時，我實在太高興啦！以致，很想有如野蠻人一般大叫了起來。

在充滿了泥濘的鄉道上，瑪妮雅時常碰到村子裡髒兮兮的孩兒。這些孩兒們都以麻屑般亂髮下面的眼睛凝視著瑪妮雅。

「這些孩子們究竟是波蘭人，而我呢？曾經發過誓要教導波蘭人，我到底能不能幫助這些孩兒呢？」瑪妮雅在內心裡如此的想著。

這些髒兮兮的孩兒們，不是不曾接受任何的教育，就是，只懂得俄語的ＡＢＣ。瑪妮雅認為，如果能為這些孩兒們開辦一個波蘭語學校。那必定會是叫人感到很愉快的事情。

聽到瑪妮雅的這種想法時，布蘭卡很高興的表示贊成。

「不過，不能操之過急。萬一被逮到的話，我倆都非到西伯利亞不可！」

瑪妮雅如此的說。

她倆都很清楚，所謂的到西伯利亞是意味著什麼？那也就是被流放到冰天雪地的可怕地域。不過，布蘭卡認為不必冒那種危險。她倆在Ｚ氏同意之下，開始著手設立學校的事。

所幸，有一部樓梯從外面通到瑪妮雅的房間。十個到十八個髒兮兮的孩兒從那個樓梯爬了上來。瑪妮雅借來了一些槌樹材製成的桌子，以及簡單的一些椅子。再耗費她貴重的貯金購買了孤兒們的練習簿，以及書寫用具。

於是，發生了叫人感到興奮的事情。

一開始時，那些孩兒們使用不靈巧的手抓著筆桿，在白紙上面有如塗鴉似的書寫文字。不久後，他們就能夠根據自己聽到的聲音，在白紙上面書寫黑色的文字。那些不識字的孩兒父母們也從樓梯進入屋裡，站立於房間後面，看到子女們書寫與閱讀時，表示又驚訝又高興。

不過，那些孩兒們並非很熟悉的做著書寫的工作。他們一下子抽動鼻子，一會兒又搖晃著身體，就好像很出力的在做著運搬甜菜的工作似的。

瑪妮雅與布蘭卡為了協助這些拼命努力的孩兒們，很忙碌的在孩兒中間穿梭著。那些孩兒們身上有一般古怪的味道，精神並不很集中，腦筋也不是很靈光，但是，絕大部分的孩兒們都閃耀著興奮的眼光，以及想更一步用功的意願。

# 第六章　幸運中的不幸

到了夏季，其他的人都有休假。但是那些家庭教師們，幾乎整整一年都被自己的工作綁得緊緊的。

由於休假而男孩兒回到家以後，家庭教師的負擔就會比平時增加。尤其那些女孩兒，不管是在冬天或者是在夏天，都必須從床上把她們拖下來。對於這樣的差事，瑪妮雅感到非常厭煩。

家庭教師的生活很呆板，每天過得非常之平淡，不曾發生過特別的事情，今天、昨天、甚至明天都一樣。從上午八點到十一點半必須教書，下午兩點到七點半也是教書。

從上午十一點半到下午兩點鐘為止，可以散散步，吃午飯。

到了黃昏那一個階段，逢到安絲雅比較安靜時，則必須對她唸唸書本，或者一面跟她說話，一面從事針線的活兒。一直到九點鐘左右，方才有自由的時間，可以從事閱讀或者用功。

但是在那一段自由的時間裡面，家庭教師仍然會遭遇到種種的要求。例如——安絲雅的義父想走一盤棋時，總會叫瑪妮雅擔任他的對手。逢到玩橋牌時，只要三缺一，他們也會叫瑪妮雅充數。

因為，吸收知識的機會日漸的消失，瑪妮雅開始對知識方面感到飢渴。瑪妮雅身邊的幾本書已經趕不上時代，就是她想論及高深的學識，但是苦於缺乏對手。如今，她到底怎麼辦才好呢。關於這一點，連她自己也不知道呢！

瑪妮雅很想跟隨當代第一流的教授，在大學裡上課，或者在研究所舉行實驗。她非常羨慕能夠做到這一步的女青年。

像維也納、柏林、倫敦、聖彼德堡，以及巴黎……這些都是瑪妮雅最嚮往的地方。不過，維也納、柏林，以及聖彼德堡是不能前往的。因為，它們都是波蘭「敵人」的首都。

但是，還有巴黎及倫敦。瑪妮雅一向很喜愛巴黎，因為那是自由而寬大的城市，它不會給任何人壓力，甚至能夠容納亡命者，凡是想求知的人，想求自由的人，到巴黎都可以獲得。

不過，瑪妮雅經開始絕望了。單獨一個人工作，實在是叫人感到很痛苦的一件事情，而且，存起錢來非常的緩慢，想必布洛妮雅需要好多年的援助。再過幾年，父親老邁之後，瑪妮雅就必須照顧他了。如此的話，瑪妮雅還能夠上大學嗎？

到了這個時期，瑪妮雅已經變成相當的標緻。

她高高的額頭，垂下了柔軟光澤的頭髮，以前那種凜然的表情消失了。兩道形狀優美眉毛下的灰色大眼睛，凹陷下去，看起來又大又明亮。她習慣以那種看穿對方內心的表情，凝視著跟她對面的人。

帶著微笑的嘴兒，最能夠吸引人們的視線，具有改變對方想法的力量。皮膚帶著桃紅色，腕首、腳踝的形狀都很優美。她的慎思遠慮，有著一股神秘的力量，使得每一個人都成為她的朋友。

Z家長男的卡修米爾放假回家時，看到瑪妮雅時，立刻表現出興高采烈的樣子。

當瑪妮雅在庭園裡，剪掉凋謝的玫瑰花時，卡修米爾剛巧走了出來。關於這一位新家庭教師的種種，他已經聽妹妹敘述過了。本來，他並不相信妹妹所說的話，他一直認為家庭教師是最為死板的一種人。

「天哪！我憑波蘭的劍詛咒，這個女孩兒跟一般的家庭教師不同！」

卡修米爾在他的內心裡叫了起來。

「今兒上午，妳們的貧民學校放假嗎？」

「才沒有呢！他們非到五點鐘是不會來的！因為，他們必須做的事情太多。必須做完了差事，他們才能夠來。」

瑪妮雅知道這一位青年，必定是布蘭卡最喜歡的哥哥。這一位個兒高眺、俊美，很懂得禮節的大學生，很親熱的對瑪妮雅說話。他對瑪妮雅學校的學生抱持著很大的興趣，不過，他仍稱呼它為「貧民學校」。

那一夜，到了九點鐘，瑪妮雅仍然不想閱讀她那些厚重書本。比起唸那幾本書來，瑪妮雅認為詢問這一位大學生在學校上的課程比較有意義多了。到了最近，昨天跟今天是不會一樣了，而且，整個夏季的工作順序被搞亂了。

卡修米爾強迫瑪妮雅跟他到河裡划船。

這時，卡修米爾發現瑪妮雅很善於搖槳。而且，她的騎馬術也叫人刮目相看。馬廄裡面有四十頭馬兒。瑪妮雅、卡修米爾，以及卡布蘭選了三頭最好的馬兒，整天騎著牠們在廣闊的平原遊樂。

全家人也搭乘過馬車到外面野餐。那時，卡修米爾注意到瑪妮雅細白的纖手巧妙拉著馬車的韁繩。卡修米爾由於左手的大拇指受傷，不能駕著母親跟孩兒們乘坐的第一輛馬車。
卡修米爾所碰到的白鵝（年輕的女孩）裡面，沒有一個人像瑪妮雅多話又神祕。到了秋天，卡修米爾必須回到華沙時，他表示，耶誕節已經叫他等得心焦了。
「如果一年到頭是冬天，那該多好！」卡修米爾如此說。
「什麼呢？」
瑪妮雅如此問時，卡修米爾如此回答：
「美是值得尊敬的。世上有什麼東西比得上妳漂亮的足踝，在划雪時的姿勢更美呢？而且，冬天又有舞會。妳的舞姿非常的美妙，是故，妳一定不討厭坐著雪橇去參加各種舞會吧？」
卡米修爾說得對極啦！瑪妮雅越來越喜歡跳舞。
不過——她還是認為夏天比較好。
「什麼？妳認為夏天比較好？是不是因為我在此地的緣故？」
針對著瑪妮雅的答案，卡修米爾認真的思考了一陣子，然後去找他的父親。通常，像卡修米爾具有這一類家庭背景的人是不會想娶家庭教師的，但是，瑪妮雅跟一般的家庭教師不同。

瑪妮雅受盡了這一家人的寵愛。

卡修米爾的父親到外面散步時，總是叫瑪妮雅陪伴著他。卡修米爾的母親則對她的所有朋友介紹瑪妮雅。布蘭卡也跟瑪妮雅非常的要好。

卡修米爾一家人好幾次招待瑪妮雅的父兄到此地做客，逢到瑪妮雅生日時，一家人都會送給她禮物，並且投以雨一般的鮮花。

的確，他們都把瑪妮雅看成一家的一個成員。

唯獨在結婚方面，卡修米爾打錯了算盤。當他對父親表示有意跟瑪妮雅結成夫妻時，他父親氣得七竅生煙，他的母親則差一點就昏過去。

他倆都認為——既然長男的卡修米爾負著全家的重託，而且憑他本身具備的條件，很輕易的就能夠娶到鄰近富家的千金，或者家世顯赫的女子。想不到，他竟然想跟身無分文的家庭教師結婚！瑪妮雅甚至必須在他人家出賣勞力，以換取生活所需呢！

「卡修米爾，你難道瘋了不成？像我們這種人家的子弟是絕不會娶家庭教師的！」

「什麼？沒有人娶家庭教師？那更好呢！」

地球一面繞著太陽，一面如此的囁嚅著說。

在冬天之後，又到了第二年的夏天，瑪妮雅沒有變成卡修米爾的妻子，而成了日後的居禮夫人。

不過，瑪妮雅並不知道將來她會變成居禮夫人，正因為如此，這時候她感覺到自己很不幸。

卡修米爾一家人突然的對瑪妮雅冷淡了起來。但是，瑪妮雅並不能拋下家庭教師的工作，一走了之。因為，她每一年必須寄給布洛妮雅兩百盧布的緣故。

瑪妮雅下定決心，再也不去愛男人了。

現在的生活又恢復了古板。今天跟昨天完全一樣，明天也會跟今天沒有任何的差別。她教學生唸書，責罵心不在焉的安絲雅，搖醒翻開書本就會睡著的傑力達（Z家的一個孩子）。

瑪妮雅仍然認真的教著「貧民學校」的學生，閱讀化學課本、跳舞、散步……稍微叫她感到不煩悶的方法是——單獨坐著雪橇在雪地上晃來晃去，只要在這時發出笑聲，她就可以拾回幾許以前的爽朗。

那時，瑪妮雅寄回到華沙的家書比以前更冗長。但是，有時，她卻沒有錢買貼在信封上面的郵票。

「最近，布洛妮雅不曾寫信給我。」瑪妮雅有一點不滿的說：「搞不好，她也沒有錢購買郵票呢！」

瑪妮雅自己正在品嚐悲苦的味道，因此，她格外能夠理解父親、哥哥，以及海倫娜的苦勞。

瑪妮雅如此的寫信給父親——

父親，您不必爲我們的事情煩惱。因爲，您已經對我們盡力了。父親，您給了我們很出眾的性格。我們已經能夠充分的養活自己。

瑪妮雅如此寫信給她的哥哥——

約瑟夫，你就先向人借一百盧布回到華沙吧！不要再待在鄉下了。我如此的對你忠告時，請你不要生氣。以前你不是對我說過了嗎。想說什麼說什麼，所以，我就照實直說了。在鄉下開業的做法，等於把自己關閉於硬殼裡面，永遠也無法進步。不管你有著多大的抱負，一旦處於沒有藥局，沒有醫院，以及沒有書本之地方的話，你就會停留於中途半端而無法實現你偉大的抱負。

一旦到達那種境地的話，我們將感到非常的失望。既然我自己抱持的所有希望都落了空，我只好把希望寄託在哥哥與布洛妮雅的身上。我們家族所擁有的才能是不飛被湮沒的。

我們家族的才能必須透過某人被表現出來才行。我越是對自己感到失望，對哥你的期望也就會越來越大。

瑪妮雅對海倫娜也抱持著很大的同情，原來，海倫娜被一個年輕男子拋棄了！正因為如此，瑪妮雅對一般的年輕男子抱起了反感——

說眞的，我們並沒有被教導必須說別人的壞話。不過，我認爲——不想跟窮人女兒結婚的男子，不妨全部都死掉吧！並沒有人告訴那些年輕男子，可以主動的追求窮人的女兒，待玩夠了，再把她甩掉！眞虧他做得出來！

以瑪妮雅的生涯來說，這時正處於最惡劣的時期。瑪妮雅在信裡面寫著——教了笨拙的學生一個時期後，自己似乎也受到了感染，變成笨頭楞腦的！這也是多數的教師最感到害怕的一點。連帶的，就連瑪妮雅的夢，好像也跟著變成無法實現的東西了。

瑪妮雅如此寫信給她的堂兄弟——

目前，我唯一懷抱的美夢就是跟父親居住在一起。因此，只要有一棟屬於自己的小房子，我幾乎就可以拋棄我的半生。如果能夠做到這個地步的話，我立刻會離開家。我想，這一個願望是很難以實現的。如果能夠達到這個願望的話，我就會到華沙的寄宿學校當一名教師。

除了當一名教師以外，我還要充當一名教師，以便多賺一些金錢。這也就是我的願望。我認爲人生並沒有我們預想中的悲哀。

當時是一個很黑暗的時代。所幸，瑪妮雅讀了一部名叫《尼綿河畔》（一個名叫奧姬絲考娃的女流作的小說。描寫年輕人抱持理想生活的情形）的小說，以致認為自己必需堅強起來。

瑪妮雅如此的寫信給布洛妮雅——

我的美夢到底跑到哪兒去啦？

我一直想爲祖國的人們盡心盡力。想不到，只能教導十二個男女孩兒讀書罷了。我實在無法告訴他們，應該想一些什麼？應該爲世界做一些事情？就是我說了，他們也未必聽得懂。

人生也者，實在比我們想像中更爲艱難。我感覺到自己好似越來越渺小。就在那時，我無意中看到這一部小說，使我嚇了一大跳！也叫我感覺到自己太不中用了。

同時，瑪妮雅也如此寫信給她的堂兄弟——

我一直悶悶不樂。每天都刮著夾帶著雨水的西風，下了一陣子後，又會變成大雨，道路變成泥濘不堪。

我的溜冰鞋一直很悲哀的躺在衣櫥裡面，或許你並不曉得，此地結冰所帶來的利益，就彷彿你那邊保守派與進步派爭論的重要。

不過，你所談論的有關保守派跟進步派的事情，並沒有叫我感到厭倦。我不僅不感到厭倦，反而很樂於聽到大眾的思考模式以及他們的行動。對於每一件事情，我都能夠以整個身體強烈地感受到。接著，再好好的思考，再有如從惡夢醒過來一般，自己對自己說——我絕對不能被他人，以及被任何的事情所壓倒——。

不過，關於必須抓住新的東西、新思潮、新變化，以及新動向的必需，將變成一股強大的力量逮住我，使得我，一心一意想擺　那千篇一律的生活方式，結果呢？有時，我竟然想做一些莫名其妙的事情呢！

所幸，我的工作太忙，始終無法做那些莫名其妙的事情。

# 第七章　變化來了

瑪妮雅一直渴望有某種的變化，想不到，不久後，變化真的來臨了。瑪妮雅又要開始旅行了。有人聘請她到華沙教某一個學生，而這個學生正在比利時休假，因此，對方請瑪妮雅到比利時去。

這一次，瑪妮雅又得孤零零的搭火車旅行，而且，前後必須改搭五次的火車呢！在這種情形之下，她很可能會迷路，夜晚她睡覺時，偷兒很可能會進入她的車廂呢！

所幸，並沒有發生這一類事情。

瑪妮雅很平安地被新雇主所接納，她的眼前展開了一片嶄新的世界。換句話，瑪妮雅將進入享樂的富豪世界。

這一回學生的母親長得非常的標緻，頗具有魅力。有生以來，瑪妮雅就近看到綢緞縫製的漂亮衣裳。對於那些軟綿的獸皮獸毛，以及光芒四射的寶石，只要瑪妮雅想觸摸，她立刻就能夠摸得到。

富豪家的牆上掛著偉大畫家所描繪的肖像畫，很多人想跟瑪妮雅結成好友，以致，一直使用和善的眼光凝視著她。

瑪妮雅生活於豪富所能購買到的上等而奢華的物質裡面，冷眼看著充滿了歡暢與音樂的派對以及舞會。那些富裕的人對瑪妮雅很體貼，很親切。

富豪太太的F夫人很喜歡瑪妮雅，不管到什麼地方都帶著她，對朋友介紹瑪妮雅時，總是如此的說：「這一位小姐是很出眾的史庫洛夫斯基家的千金。」

關於這些事情，瑪妮雅不知有什麼想法？因為，有一件更令她興奮的事情將發生。

有一天，大門邊的客廳桌子上面放置著一封布洛妮雅寄給瑪妮雅的信件。那一封信蓋著巴黎的郵戳。密密麻麻的字，出現在一張劣眼紙上面。看樣子，布洛妮雅是在上課的空檔匆匆地寫成的。

這是讓人感到很興奮的消息，因為，布洛妮雅就要結婚啦！她還說，等她在巴黎建立家庭後，希望瑪妮雅儘快的趕過去。

真好！到巴黎……上大學！瑪妮雅的願望能夠全部的實現嗎？

但是，這並非很輕易的就能夠解決的問題。很多年以前，瑪妮雅就知道布洛妮雅跟滯留於巴黎的一個波蘭青年訂了婚。這一個青年的名字也叫卡修米爾，跟瑪妮雅情人的名字一模一樣，不過，他姓「多魯斯基」。這個青年以前曾經關係到某一種「陰謀」，因此，必須亡命到波蘭以外的國家。由於俄國警方的通緝，巴黎的警察一直在監視他。同時，巴黎憲兵的檔案裡面也記滿了有關這個青年的情報。

但是，這個年輕而爽朗的醫師，完全不在乎這些，於是，他準備跟布洛妮雅結婚。果真如此的話，布洛妮雅就不能再回到華沙照顧父親了。

到時，照顧父親責任將落在瑪妮雅的肩膀上面。因為，海倫娜是不會照顧父親的人。

根據布洛妮雅的說法，好像有一大片理想的未來在等著瑪妮雅。但是，瑪妮雅卻如此的寄了回信——

我很笨。現在仍舊很笨——從今而後，在整整一輩子裡面，我會一直笨下去的。套一句流行的說法，我不可能碰到好運。現在如此，將來仍會如此。

不過，只要想想不幸的人們，以及發生於瑪妮雅身上的事情，很有可能再使她振作起來。瑪妮雅再繼續的寫下去——

我彷彿別人夢見救世主一般，時常夢到巴黎。不過，到巴黎的願望已經從我的心坎中消失。如今，這種願望又被擺在眼前時，我反而不知該怎麼做才好。關於這一件事情我又不能對父親說。因爲，我曾經對父親說，明年我就要跟他一塊生活的緣故。對於父親的老後，我要盡量的使他感覺到幸福一些。可是在另一方面，當我想到自己的才能會被埋葬，或者，想到才能應該好好的被利用時，我的內心就會感覺到疼痛。

在這一封信函裡面，瑪妮雅也提出了她的想法。她叫布洛妮雅不顧犧牲自己的自尊心，拜託有錢的朋友們，傾力的幫助約瑟夫，以便他盡量的施展自己的才能。因為，瑪妮雅認為所謂的「才能」也者，必需好好的被珍惜的緣故。瑪妮雅強調著說，如此的援助約瑟夫以後，不僅是幫助了約瑟夫本人，同時也使大眾都能夠蒙受到約瑟夫才能的利益。

窮其一生，瑪妮雅都認為——幫助才能揚溢的人，也就是使世界眾多人蒙受這種才能的利益。

瑪妮雅如此的寫了該信的結尾——

我的內心太黑暗，同時也太悲哀了。正因爲如此，我方才會寫出這些東西，使妳快樂的心境蒙損，實在非常的對不起妳。

就如此這般，在那一年之內，瑪妮雅為了跟父親一塊生活起見，回到了她們以前居住的小房子。看在別人的眼睛裡，或許，那是一種很無聊的生活吧？但是，瑪妮雅的腦子很靈光，她認為在父親的家裡時，可以無所不談，而且，她又回到了那個「翅膀大學」的秘密集會，在那兒研究學問，以便跟大家交換意見。

但是，命運已經悄悄的準備了最後的一張王牌。

當人們走在五月靜悄悄的林蔭道時，聞到六十六號的庭院飄出紫丁香的馥郁時，誰也不曾察覺到震撼世界的一件事情即將發生。

在盛開的紫丁香旁邊，有一棟開著小窗戶的二樓建築物。它入口處的門扉上書寫著「農工業博物館」幾個字。

也許有人要問，那兒是否保存著古時的窄刃鍬呢？或者保管著有史以來的農耕用具呢？事實上，根本就沒有這些東西。俄國政府任博物館自行荒廢下去，以致，變成了死一般沈靜的場所。

不過，具有學術教養的人可以在博物館教書。瑪妮雅的堂兄擔任這個博物館的館長。在那兒悄悄的教科學。那兒也有學生能夠實際碰到器具的實驗室。

有生以來，瑪妮雅第一次進入實驗室。

這一件事情在不久後，給世界帶來了巨大的變化。

可是，瑪妮雅並不能時常到那兒，充其量，只有夜晚與禮拜天能夠過去。

即使瑪妮雅到那兒也沒有人教她。她單獨一個人做著書本上所記載的實驗。有時也會帶來意外的結果，或者對小小的成功抱持著希望，甚至因為失敗而感到落寞。但是，瑪妮雅時常抱持著發現某種東西的期望，這也就變成了她最大的快樂。

夜晚很遲才回家，而躺在床上時，總有某種東西牢牢地抓住瑪妮雅，甚至有某種東西咬住她的心。也有一些難以形容的東西在黑暗中對她囁嚅。在這種情形之下，她實在很難以成眠。

那種很難以形容的東西，似乎對瑪妮雅內心裡面的另外一個她囁嚅，再粉碎她的想法，彷彿是她起來再從事某些工作似的！

那些工作逮住了瑪妮雅，讓她必定要把那些工作做完。

這個博物館的試驗管以及蒸餾器，乃是瑪妮雅父親物理實驗器具的同類，她在往昔曾經熱烈的愛過它們。

到此，瑪妮雅終於發現了自己應走的路。

瑪妮雅那一雙靈巧的手，註定了永恆接觸試驗管、火炎、元素，以及金屬，而她靈光的腦筋將引出結論，以對未來挑戰。瑪妮雅就如此發現了自己必須走的路。

不過，瑪妮雅應該怎麼辦呢？

她的腦子跟一雙手，讓她去巴黎。可是她的愛心呢？卻是讓她跟父親、哥哥、姊姊，以及卡修米爾在一起。卡修米爾一直說服他的父親允許他娶瑪妮雅。一到了休假日子，瑪妮雅就會跟卡修米爾在一起。他倆一塊在山間散步，卡修米爾告訴瑪妮雅說服父母是很困難的一件事情，想藉此獲得瑪妮雅的意見。

「就連你自己也找不到解決的方法，你又何必問我呢？」

瑪妮雅忍不住而如此的說。

至少，瑪妮雅已經知道自己真正的抱負。於是，她很快的寫信給布洛妮雅——

姊，我本不想增添妳的麻煩，但是，請妳給我確定的回答。不管什麼地方都行，妳就給我一個睡覺的地方吧！總而言之，請妳明確的告訴我。

布洛妮雅給了瑪妮雅率直的回答。如果電報費不是太昂費的話，她可能會利用電報回答，如果，瑪妮雅必須準備很多事情的話。她可能就會搭乘下一班火車呢！

瑪妮雅把她所有的積蓄攤開在桌子上面，再跟父親兩個人一起數著數目，父親也盡量的添了一些錢。於是，他倆的面前排起了剛好到巴黎的車錢。

瑪妮雅不能一直坐著三等車廂。以波蘭與法國來說，三等是最方便便宜的車廂，但是，德國還有四等車廂。那種四等車廂就跟貨車差不多，但是，瑪妮雅並不怎麼在意。那種四等車廂沒有隔開成車室，只是四個角落設有椅子而已，除此以外，什麼設備也沒有了。有一些想得比較周到的旅客，就自己帶椅子上車，而把椅子放置於車廂中央坐著。瑪妮雅也準備那樣做。

為了盡量避免在法國購買東西，瑪妮雅必需隨身攜帶很多的東西，但是，像比較沈重不佔地方的毛毯、床單、床墊等等，可利用貨車預先送到巴黎。是故，非購買不可的東西只有一口木製的衣箱子。

在衣箱子上面，瑪妮雅很驕傲的書寫了她名字的頭一個字母MS。她在這個衣箱子裡面放置經久耐穿的衣裳、鞋子，以及兩頂帽子。接著，再準備一些隨身要攜帶的東西。那些也正是三天坐車時間內的食物以及飲料，幾本書，以及一小袋的牛奶糖。

瑪妮雅終於朝巴黎出發。

現在，她就快滿二十四歲了。她的一雙眼睛充滿了喜悅以及熱切的光輝。她等待了好久的冒險，終於掀起了序幕。

# 第八章 「抓著太陽，再把它拋出去……」

「我抓著太陽，再把它拋出去的話……」瑪妮雅聽了這一句話以後，笑了出來。

現在，瑪妮雅在什麼地方呢？原來，她就在熱鬧而頻頻發生喜事的巴黎裡面。在那兒，瑪妮雅所敬仰的偉大教授——保羅·阿貝爾老師，不必擔心任何的事情，可以採取自己喜歡的方式教導學生。逢到他教授課程時，好多的學生就會把他包圍了起來。

為了聽取保羅教授的講解，瑪妮雅很快的進入教室裡面，挑選了索爾本大學巨大階梯教室的最前面位置。她把筆記簿以及鋼筆軸整齊地擺在桌子上面。她的周圍有好多的學生為了搶位置而叫嚷著。

但是，瑪妮雅並沒有聽到叫嚷的聲音，因為，她一直沈溺於自己的思想裡面。突然間，教室裡變成非常的靜謐，原來是教授進來了。

因為，那些學生都是熱烈的數學愛好者，是故，每一個人都熱切的等待著教授能夠展開動人的講解。

頭部四四方方的阿貝爾教授穿著黑色的長袍，講解得非常清楚，是故，就連天空裡的星星也似乎乖乖的移動到教授所講述的位置，甚至連地球也隨著教授的意思轉動呢！

教授很大膽的到宇宙的邊遠處冒險，彷彿是利用數學與星星在變魔術似的。教授的身體隨著他的講解移動，以很自然的方式講解。

「我抓著太陽，再把它拋出去的話……」

瑪妮雅感覺到很幸福。

科學怎會叫人感到厭倦呢？宇宙不變的法則實在是太叫人感動了。更難能可貴的是，人類竟然能夠理解那種法則。瑪妮雅認為——科學比童話故事更叫人感到不可思議，比冒險故事更叫人感到興趣盎然。

聽到了「抓著太陽，再把它拋出去……」的偉大學者之話以後，瑪妮雅認為這以後仍然要吃好幾年的苦頭，仍然值得的。

除了這些以外，瑪妮雅也發現了種種的事情。當她在彌漫著煙霧，又吵雜的巴黎北站（到法國北部，以及到北歐等的火車之起點）下車時，她並沒有察覺到那些煙霧，低垂著肩膀舒暢的呼吸。因為，瑪妮雅第一次呼吸了自由國家的空氣。

來到了車站外面時，一切的一切都顯得不可思議。貧民街的孩童們以自己想說的話，彼此的笑罵。對於只能說俄語的波蘭女子來說，這實在是一件非常不可思議的事情。

只要走進書店即可發現，法國人在出售他們想賣的書籍，全世界的書籍幾乎都可以購買到。這也是叫人感到匪夷所思的一件事情。

最叫瑪妮雅感到訝然的是，瑪妮雅第一次坐著公共馬車，再爬到比較便宜的樓上位置後，那一輛馬車也把她帶到歡迎女子的大學。而且，這是一所遐邇聞名的大學。索爾本大學是世界最著名的大學。就連德國人的馬丁路德（批評天主教，提倡新教的宗教改革者）也承認，巴黎有全世界最著名的大學。

因為，這一所大學正在改建，以致，到處都可以看到工人。而且，整天都是風塵樸樸，噪音刺耳。隨著工事的進展，教授講課的教室必須更改。對於瑪妮雅來說，她一點也不在乎這類事情。因為，她終於能夠學習到自己想學的東西。

從這個時候開始，瑪妮雅使用法文把自己的名字書寫成「瑪莉」。至於姓方面，她還是把它保存下來。

瑪妮雅年輕的朋友們都認為這個名字很難以發音。或許跟這一件事情有關連，瑪妮雅變得很孤獨。

在走廊時，大夥兒都回頭去看這個穿著簡便，近乎寒酸，眼光銳利，有著一頭染色頭髮的少女。

「她到底是誰呀？」

有人這樣問時，總是有人回答說：

「她是外國少女，有著一個難以發音的名字。」

「逢到上物理課的時間，她總是第一個進入教室的人，不過，她始終不跟同學說話呢！」

瑪妮雅必須拼命的用功。她從來就未曾預料到自己跟同學差那麼多，就是以她的法語來說，竟然比她想像中更不能派上用場。有時，連教授所講的話，她也聽不懂呢！甚至連數學及物理方面，她也遠遠不及其他的同學。為了完全的克服這些缺點起見，瑪妮雅一心一意的用功。

剛開始跟布洛妮雅以及卡修米爾一塊居住時，瑪妮雅感覺到非常的方便。布洛妮雅在享受方面是難得的一個天才。

首先，她在郊外租了一間廉價的公寓，再以借來的金錢購買家具用品。布洛妮雅並不擔心是否能夠攤還那些借來的金錢，倒是不甘心過著那種寒酸的生活方式。正因為如此，家裡擁有種種漂亮的東西。

例如，沈重的窗簾、優美的家具、鋼琴、花瓶裡插著顏色明亮的鮮花等等。在小小的廚房裡烹飪著很可口的食物、糕餅等等。同時，使用從波蘭帶出來的某種葉子泡茶，因為，她認為巴黎並沒有那種的茶葉。

布洛妮雅居住的地域，從中世紀起就居住著肉商。卡修米爾的患者幾乎都是清一色都是肉商。

在一天的幾個小時之內，卡修米爾會在小小的書齋裡面診察病患。在其他的時間裡，輪到布洛妮雅在那兒看顧肉商的孩兒們。到了黃昏時，這兩位醫生就會放下工作，陪著新近從波蘭出來的瑪妮雅玩玩。

只要這對醫生夫婦剩下一些金錢，他倆就會帶著瑪妮雅到劇場的便宜座位看戲。逢到沒有多餘的金錢時，就招待亡命的波蘭友人喝茶。他們圍繞著鋼琴唱唱歌、談笑，一面吃著布洛妮雅製造的糕餅。

有時，瑪妮雅早早的就從這種集會退出，進入自己的房間用功，因為，瑪妮雅實在沒有遊樂的時間。

「書呆子，妳過來！」

在某一個黃昏，卡修米爾大聲呼叫說：「波蘭正在呼叫妳呢！這一次，妳非出席不可。妳快點去取帽子以及外套，我取得了音樂會的門票。」

「可是……」

「沒有什麼『可是』啦！演奏者乃是我時常向妳提起的那個波蘭年輕人，聽說，會場的席位幾乎是空盪盪的。所以，我們得過去把那些空位填了起來。除了我們幾個人以外，還有好幾個有志之士。我們就盡量的拍手，叫他品嚐到成功的滋味吧！他的演奏實在很棒！」

不知怎麼搞的？瑪妮雅始終抗拒不了她爽朗、且有著一雙閃動著黑眼睛的姊夫。

瑪妮雅匆匆的披了一件外套，走到下面。接著疾跑著趕上公共馬車。經過了幾分鐘以後，她就坐上了半空的會場椅子上面。

旋即，一個高瘦、俊美，有著蓬鬆赤銅色頭髮的男子出現於舞台上面，打開了鋼琴的蓋子。瑪妮雅傾耳靜聽。李斯特、修曼，以及蕭邦紛紛從他手指下活了過來。

瑪妮雅受到了很大的感動。她實在不敢相信穿著陳舊上衣，對著空盪客席演奏的這位鋼琴家，竟然是世人所不認識的新人。因為在瑪妮雅的眼裡，他很像一個國王，甚至像一位神。

瑪妮雅的姊夫請年輕的鋼琴家到他的家。年輕的鋼琴家帶著他未來的妻子光臨。

瑪妮雅的母親認識這一位鋼琴家的未婚妻。母親時常的說，這一位女士標緻得離了譜兒，實在很難於帶到大庭廣眾前面。

那位有著火一般紅色頭髮的青年，時常使用瑪妮雅姊夫家的鋼琴演奏。只要他的手指接觸到琴鍵，即使是很平凡的鋼琴也能夠變成非常高　的樂器。這也是理所當然的一件事情。因為，這一位年輕的鋼琴家，後來，不僅變成很著名的鋼琴家，同時也登上了波蘭總統的寶座，他也是名聞世界的帕德雷夫斯基（一八六〇～一九四一年）。

不過，這是日後的事情。在一八九一年，瑪妮雅（瑪莉）仍然在巴黎的亡命者裡面生活著。

這些亡命者在法國的首都巴黎形成了一個波蘭人小小的島嶼。他們都很年輕爽朗，但是很貧窮。到了祭典的日子，他們盡量的使自己波蘭化，召開派對。

他們吃波蘭的蛋糕，演出波蘭戲，策劃波蘭語的節目，製造波蘭風景的裝飾品。例如——雪原中的小屋，閱讀書本做著未來美夢的青年，從煙囪拋下化學書本的耶誕老人，老鼠咬著一個空無一物的錢包等等。

因為，瑪莉實在太忙碌，輪到她演戲時，根本就沒有時間背台詞。有一次在「活人畫」裡面，瑪莉飾演一個所謂「擺脫枷鎖的波蘭人」。

在這個節目裡面，瑪莉穿著古人的長袍，身體周圍繫滿了波蘭的國旗，使她的頭髮圍繞著斯拉夫典型的面孔，裝扮成波蘭人幽魂的模樣，很受到年輕人的歡迎。

不過，話又說回來啦！就算在自由的巴黎，如果很露骨的對波蘭表示眷戀的話也會招致危險。

瑪莉的父親史庫洛夫斯基，特別的提醒瑪莉，再也不要出席媒體（報紙）所喜歡報導的波蘭慶典。

諒必妳已經知道，已經有人抄錄在巴黎的波蘭人名單。或許，這件事情會添加妳的麻煩也說不定。而且，將來妳可能要回到波蘭找工作，那時，如果妳參加過波蘭人慶典活動的話，將帶來很大的阻礙。妳最好不要使自己太顯眼。

事實上，父親對瑪莉的忠告是多餘的。因為那時的瑪莉很想把自己全部的時間耗費

在書本上面的緣故。她已經在計劃自己獨居如此方才能夠逃脫鋼琴聲，姊夫在黃昏時的高談闊論，以及一群來拜訪的朋友。

瑪莉想搬到學校附近，以便節省車費以及搭車的時間。

瑪莉在多魯斯基夫婦送別之下，很悲傷的離開了姊姊溫暖的家，前往尋找能夠單獨一個人讀書的地方，也就是一個人孤獨地生活的地方。

不久以後，瑪莉就能夠過著夢一般的生活，也就是單純為了求學而過日子的生活方式，到了這種的地步，她每一週只能使用十盧布，或者十盧布以下生活。這十盧布必須用來付房租，購買衣服、書本，以及付學費。她到底能不能辦到呢？其實，這只是數學的問題而已。

所幸，瑪莉的數學很好，不過，這乃是一個很特別的問題。

「對啦！我不必吃那麼多啊！」瑪莉如此的想著。

到目前為止，瑪莉一直沒有時間學習烹飪。朋友都笑著說，瑪莉不知道做羹湯時，應該放置一些什麼呢！的確，瑪莉根本就不知道，同時也沒有學習的時間。她才捨不得犧牲學物理的時間，利用那些時間去做晚飯呢！

於是，瑪莉只吃麵包、牛油、櫻桃，以及茶水過日子，偶爾方才吃一次雞蛋，或者少許的巧克力。

房租相當便宜，一週只要五法郎。那兒很像閣樓，屋頂是傾斜的，只有一些光線從傾斜的窗戶進來而已。沒有暖爐、瓦斯、自來水等的設備。

所謂的家具也者，只有從波蘭帶來的折疊式床鋪（附有床墊）、爐子、檢樹木材製成的桌子、廚房用的椅子、盥洗用具、沈重而廉價的石油燈、到平台共同水龍頭才接水的鐵桶、烹飪用的酒精燈、兩個盤子、三個茶杯，還有餐刀、叉子、湯匙、鐵鍋、茶壺等等。如果有訪客的話，兩個人就可以坐在那個衣箱上面，把它當成椅子使用。

瑪莉為了取暖用，一年只使用兩袋子的煤球。她在街頭購買了兩袋煤球以後，再使用鐵桶一次少許地提到七樓的房間。

至於燈火方面，她幾乎可以不必使用。因為，等到天黑了以後，瑪莉就會到聖多傑畢甫圖書館，把兩個手肘豎立在長桌子上面，再使用兩手抱著頭，一直到十點鐘的閉館時間為止，始終心無旁貸的在讀書。

因此，瑪莉只要有一些燈油，使她能夠閱讀到夜半的兩點鐘就行了。

到此，食物、居住、取暖以及燈火的問題解決了。至於衣服方面，瑪莉可以自己縫製，也可以自己處理。她不必購買新衣服，只要頻頻的使用刷子刷，以及縫補，就可以保持衣著方面的整潔。而且，她只要使用少許的肥　，就能夠利用盥洗盆洗衣服。

瑪莉為了不受到任何人的打擾，想出了這種快樂又廉價的生活方式。話雖然如此的說，年輕女生的身體卻是會發出反抗。近些日子以來，瑪莉發覺她稍想離開書本時，就會引起頭暈目眩的現象。

有時，感覺到身體支撐不住，想到床上躺臥一下時，在走到床鋪的半途就會昏厥過去。待她清醒過來時，她認為很可能是生了病，但是，她並不在乎，認為很快的就會好起來。

醫生的姊夫說她可能生病時，瑪莉答以可能是用功過度，而很巧妙的把話題轉到嬰兒身上。瑪莉很疼愛布洛妮雅剛生下來不久的嬰兒，她問起了嬰兒的種種事情，想藉此分散姊夫的心。

所幸，有一天，瑪莉在眾人面前昏厥了過去。看到了這種情形的人去呼叫卡修米爾。卡修米爾趕來時，瑪莉已經恢復了常態。

卡修米爾不管瑪莉一再的拒絕，仍然以強硬的方式診察了瑪莉。接著，他默默的環顧一下房間，問瑪莉食物櫥在哪兒？事實上，瑪莉根本就沒有什麼食物櫥。並沒有任何的東西能夠告訴卡修米爾，瑪莉到底吃了一些什麼？只有一小袋茶葉表示，瑪莉喝過了一些什麼。

「今天，妳吃了一些什麼東西？」姊夫問。

「今天嗎？我忘記了，中午，我確實吃過了……」

「妳吃了一些什麼東西呢？」

「櫻桃……還有種種的東西。」

到頭來，瑪莉只好老實說，從昨天到今天只吃了一把蘿蔔，以及半磅的櫻桃，而且，一直用功到早晨三點鐘，以致，只睡了四個小時。

卡修米爾氣得七竅生煙。對於使用天真灰色眼睛看他的蠢女孩，他感覺到非常的氣憤。不過，他最氣憤的人還是他自己，因為他竟然看不出小姨子的異常。

卡修米爾叫瑪莉帶著一星期必要的東西，跟他回家。由於實在太氣憤，一路上，他都不跟瑪莉說一句話。一回到了家，卡修米爾叫布洛妮雅去購買牛排用的肉塊，再逼著瑪莉吃半生不熟的牛排，以及油炸洋芋。就如此這般，經過一個星期後，瑪莉又恢復了她剛來巴黎時的健康姑娘。

姊夫以必需好好的吃為條件，允許瑪莉回到她的閣樓。但是，她很擔心考試的事情，是故從翌日起，她又開始吃空氣過日子。

用功！用功！

瑪莉感覺到她的頭腦日益在進步。她的一雙手也跟著變成靈活了起來。

不久以後，李普曼教授把新實驗委給瑪莉進行。到此，瑪莉終於有機會表現自己的聰明，以為她頭腦的獨創性。從此以後，在每一個星期內除了星期日，在其餘的六天裡都可以在實驗室看到瑪莉。

瑪莉穿著粗糙的實驗用衣服，在天花板很高的物理實驗室中，站在桌子前面，觀察精巧的物理實驗裝置，以忐忑不安的一顆心看著某種物質在沸騰。瑪莉的身邊有其他的研究生，他們幾乎都是男性，他們沈默不語，非常熱中於研究的工作。

一旦實驗告一段落後，男學生們就會端詳著瑪莉的面孔，並且在門口處跟她傾談。有些人則更進一步接近她，有意跟她交朋友。到了這個時期，瑪莉的態度已經沒有以前的冷淡了。有一次，由於一個男學生很熱心的要求瑪莉跟他散步的緣故，她的朋友瑞恩絲只好揮動雨傘，把那個男生追到外面去。

瑪莉幾乎沒有跟同學交際的時間。她憑著鐵一般的意志，以及完美主義，近乎叫人不敢相信的頑固，投入學業裡面。

一八九三年，瑪莉取得了物理學士的頭銜，到了一八九四年，又得數學學士的頭銜。物理的成績為第一名，而數學的成績為第二名。

同時，瑪莉也想消除波蘭語的發音口音，說出純粹的法語，以致，她在發「r」的音時，必須稍微捲舌。瑪莉並非在有意識之下如此的做，不過，那種的發音方式，更為增加了她的魅力。

但是，不管瑪莉多麼的忙碌，她也不致於不察覺到巴黎明媚的春天，以及爭艷鬥妍的花兒。瑪莉並沒有忘記，自已是親近田園的波蘭農民的子孫。到了星期日，她就會到郊外走一走。回到了學校時，都會對同學們提起水果樹開滿了花，紫丁香爭艷鬥妍，以及空氣中充滿了花香的事情。

燠熱的七月來臨時，又有一連串的考試。

為了準備考試，瑪莉已經變成神經兮兮的。她跟大約三十名的其他學生被關閉於通風不良的房間裡面，凝視著眼前的考卷時，文字似乎在蹦蹦跳呢！瑪莉好不容易鎮定下來，搖筆寫出了答案。

考完了試，她跟其他的學生一樣，沈下心來等待成績被發表的那一天。

到了成績揭曉的那一天，瑪莉走到了大講堂的一邊。當她處身於眾多的學生以及家人裡面時，突然感覺到自己的渺小。因為，她認為自己考得不太理想之故。

突然間，學生們的喧嘩聲停止了下來。

原來，考試官捧著成績表進來。瑪莉連傾耳靜聽的時間都沒有。因為，考試官已經發表了「第一名」的名字。

「瑪莉．史庫洛夫斯基！」

接著，又是一連串的休假。

瑪莉帶著優異的成績，喜氣洋洋的回到了波蘭的家鄉。她也隨身帶了很多東西回家，那也就是禮物！

這時，瑪莉破天荒的把她所有的金錢用罄。她為父親、約瑟夫、海倫娜購買禮物，在三千公里的旅途中，還購買了一些食料。

波蘭人有一種牢不可破的習慣，那就是攜帶很多的禮物回家，但是身上卻是一文不名。瑪莉自然也不例外。

在漫長的夏季裡，瑪莉接受波蘭中所有親戚的款待，以及祝賀。不過到了秋天又將如何呢？這一件事情開始困擾著瑪莉。

因為，瑪莉還有一年的大學課程，但是，一星期十盧布的費用將如何取得呢？瑪莉在坐困愁城時，瑞恩絲小姐又持著一把陽傘出現。這一次，她沒有使用陽傘打人，而如此的對瑪莉說——

「我對華沙的一位實業家說，給一位將來很可能為這座城市帶來光榮的女性一筆獎學金吧！想不到，他一口就答應了。」

就如此這般，瑪莉獲得了一年六百盧布的亞力山德洛畢傑獎學金。

這麼一來，瑪莉就能夠再讀一年書了。為了使這一筆獎金能夠持久一些，瑪莉想盡辦法節約。待日後，她能夠賺錢時，她仍然也很節約，為的是想早日還這一筆獎學金。她在想——自己如此做的話，別的貧困學生亦能夠獲得協助。經過好幾年後，瑪莉把那一筆獎學金還給獎學金財團秘書時，後者嚇了一大跳！因為，始終沒有學生想還他們取得之獎學金。

就如此這般，瑪莉又回到了學校。對她來說，讀書並非是一件痛苦的差事，而是值得她投注滿腔熱情的差事。這也是在畢生中，瑪莉最喜愛的時代。那也就是在貧困與孤獨中，憑著熱情奔放的年輕生命，拼命讀書的學生時代。那時，瑪莉被稱之為「永遠的學生」。

在往昔的大學古老故事裡，主角的學生都是年輕、貧窮，而求知欲非常的旺盛。他們都相信自己的天分，乃是上天為了某種目的而賦給他們的，因此，非達到這種目的不可。瑪莉就是這種典型的一個學生。

瑪莉在陳舊的石油燈下讀書，一面認真的在想著，人類救主的偉大科學家，到底是怎樣的一個人呢？瑪莉的生活雖然很窮困，不過，她卻生活得很高雅、爽朗，而從來就不曾感覺到忐忑不安。

瑪莉每天生活的樂趣在於追求真理，然而，有時為了一雙鞋子報廢的所謂悲劇，往往會感覺到落魄異常。

對瑪莉來說，購買新鞋子意味著幾週的家計會被搞亂，到時，她將更進一步的餓肚子，更要受到塞冷的煎熬。在某一天的夜裡，由於太過於寒冷，瑪莉只好把衣箱裡面的衣服全部鋪在床上。雖然如此，她仍然感覺到寒冷，於是把椅子也搬到了床上，就如此趴伏在椅子上面，一直到翌日的早晨。

早晨醒過來時，有時會碰到水瓶裡的水凍結而無法使用。雖然如此的多苦多難，但是，瑪莉仍然最熱愛那個時期，她把那種情形，寫成如下的一首詩——

少女忍受一切的煎熬

苦心的讀書。

她周圍的一群年輕人
不斷的追求感官的快樂。
這個少女一向很孤獨，
不過，她又快樂又爽朗的培育她的內心。
時光流轉，不久後，
知識與藝術之國把少女趕了出去。
那是為了在灰色的人生途中，
獲得麵包的緣故。
不過，少女的心靈，一直很懷念著，
那個粗陋的閣樓房間的角落。
她想念著，那個寧靜的，她默默地奮鬥過的房間，
也就是充滿了命運之回憶的那個房間。

# 第九章　瑪莉的戀愛

瑪莉感覺到非常的困擾。不過，這並非開始，更不是結束。很多人都勸瑪莉舉行有趣的科學實驗來做，但是，她卻苦於沒有地方。

例如，法國工業擴興會就請她針對各種的鋼鐵磁性撰寫論文，瑪莉也很喜歡這一份工作。其實，瑪莉已經在李甫曼教授的實驗室進行這一件事情，而且，進行得也相當的順利。

最叫瑪莉感到遺憾的是，那個實驗室並沒有放置大型實驗器具的地方。

同時，瑪莉也必需分析礦物，以及區分金屬的標本，但是，關於必要的寬大場地，她實不知道如何的獲得。

在不知所措之下，瑪莉只好對朋友——就是波蘭科學者的科巴爾斯基求救。科巴爾斯基最近跟他的妻子來到了巴黎，一面教授有關科學的課程，一面舉行新婚旅行。

科巴爾斯基凝視了瑪莉好一陣子，他也知道那是很重要的一件事情，但是在生疏的

巴黎，他又如何為瑪莉找房子呢？

「我有一個主意！」沈默了一陣子以後，科巴爾斯基叫了起來：「我認識在羅門街理化學校擔任教師的一位學者。說不定，他能夠把房間租給妳，就算沒有房間租給妳，他也能夠幫妳一臂之力。明天的晚飯後，妳就來此地喝茶吧！到時，我也會請那一位學者光臨。他是很著名的人物，也許，妳已經風聞過他的大名，他就叫比爾‧居禮。」

當瑪莉走進科巴爾斯基夫婦租住的幽暗房子時，她看到一個高眺的青年面對著窗邊站立。那個人看起來很年輕，瑪莉以為功成名就的人已經有了相當的年紀，想不到他這麼年　，叫瑪莉感到相當的意外。

那位青年的周圍瀰漫著溫雅而優美的氣氛，具有一種獨特的吸引人的魅力。很可能是他穿著寬大的衣服，方才予人這種印象吧？當經過科巴夫斯基介紹而迎接瑪莉時，比爾的面孔看起來很清純、誠實，而沒有任何的矯飾，給予瑪莉一種年輕有為的感覺。

瑪莉很喜歡這一位青年羞澀而帶著些微孩子氣的笑容。他倆立刻談起了有關科學的事情，因為這也是他倆被介紹的動機。

比爾‧居禮是一個與眾不同的男子。他是醫生的兒子，不過，遠在孩提時代時，他的父親就知道，他不能有如其他的孩子一般，早早就把他定型。因此，他的父親認為公立的學校不適合於比爾，以致，為他聘請了個人的家庭教師。

比爾很喜歡跟父親與母親在一起，也樂得跟他唯一的哥哥在一起，因此，長成為一個喜歡把自己關在家裡的孩子。不久後，他開始喜歡科學，很喜歡把自己的想法寫在日記上面。在他還非常年輕時，比爾就如此的寫著——

所謂女性也者，針對著單純活著的這一件事情，就可以比起來我們男性來：表示出更熱愛人生。女性的天才者很稀少，是故，當我們想離開周圍一般平凡的生活方式，而想獻身於偉大工作時，我們就必須跟女性戰鬥。對一位母親來說，即使兒子因爲愛她，而變成窩囊廢時，她也不會在乎，因爲，她一直渴望著兒子的愛。在談戀愛的女人亦復如此。爲了一段時間的愛，她寧願犧牲世界偉大的天才。

對於少女或者女性來說，這可說是一種很痛烈的批評，然而，比爾所以有這種的想法，當然有他的理由。除了他這種的觀察屢次屬於事實之外，他在初戀的階段，還經驗過很深刻的悲痛。不過，他決定不提起這一件事情，甚至打算一輩子不結婚。

在那個命運轉換的夜晚，比爾跟瑪莉暢談有關科學的問題時，比爾已經三十五歲。

在法國境內，比爾幾乎是默默無名，法國政府不僅對外國名人如此的不關心與漠視，甚至對本國的偉大人物亦復如此。不過，這並非意味著那些人不偉大。

在法國的國外，比爾相當的聞名。

比爾跟他哥哥發現了量取電氣量的機械。關於這一種的發明，外國的偉大科學家也樂於使用。

同時，比爾發現的結晶體左右對稱性的原理，也成為近代科學的一種基礎。對於新天秤以及新物理的法則，比爾使用自己的姓名稱呼。

英國大學者的凱爾賓卿也很尊敬比爾，但是，比爾的薪水跟熟練的工人差不多，每個月只有三百法郎。

說實在的，比爾的貧窮也是他自己所招致的。不久前，有人提供很好的地位與報酬時，他竟然如此的說：

「不必啦！對報酬跟地位耿耿於懷的話，將會造成精神方面的不健康！」

甚至政府要表彰他時，他也回絕了呢！他曾經在內心裡痛下決定，不管什麼勳章都不接受。

這個頑固、性格沈著、熱愛科學的人，正站立於瑪莉面前娓娓而談。他把纖長的手放置於桌子上面，以穩健、公平地看東西的清澈、寧靜的眼光凝視著瑪莉。

或許，比爾想出了往日他撰寫了「女性很少有天才」這句話吧？

最初的會話，乃是適合於四個人見面時所談論的範圍。接著，比爾跟瑪莉說出了有關科學方面的種種。因為，瑪莉是為了科學方面的工作，方才來到此地的。

瑪莉抱持著尊敬的念頭，請教這一位年輕的科學者，再傾聽他的意見。

說起來很叫人感到不可思議，比爾竟然對瑪莉說出了他自己的抱負，自己的目的，以及，他現在正在尋找結晶學方面的法則的事情。

這個法則叫比爾感覺到非常的頭痛，但在另一方面，她也感覺到非常的有趣。突然間，某一種想法掃過了比爾的腦海。他感覺到好笑，因為，他竟然跟第一次見面的女人，道出了自己所熱愛的工作內容、專門用語，以及深奧的公式！

想不到，這一位仍然年輕，富於魅力的女人，竟然對他所說的話感到興趣盎然，不・僅熱心的聆聽，而且，似乎很理解的樣子，而且，又熱切的跟他一塊討論。這實在是非常不可思議的一件事情，同時，也是比爾不曾有過的經驗。

比爾再凝視了瑪莉一次。他凝視著瑪莉美麗的頭髮沾到酸性藥劑以及做家事而變成粗糙的手，她的淑靜，以及毫不矯柔造作的作風。正因為瑪莉擁有這些，看起來才那麼富於魅力。

這一個少女抱持著到巴黎求學的願望，但是在波蘭一連工作了好幾年。如今，她已經來到了巴黎，單獨一個人居住於閣樓，身上一文不名，但是很認真的在讀書。

「這以後，妳仍然要一直居住於巴黎嗎？」比爾如此的問。

「我沒有這種打算。如果在今年夏天考試及格的話，我就要回到華沙了。我計劃在秋天再回來，但是，我不知道自己是否有這種能力。我想回到波蘭的學校教書，為國家培育英才。波蘭人不能拋棄自己的國家。」瑪莉如此的回答。

瑪莉如此說了以後，他們的交談範圍於是轉移到了波蘭的不幸，以及支配波蘭的那些國家。

只知道研究科學的比爾，聽到一些波蘭人為了自由而戰鬥時，內心裡感到一陣沈痛。或許，比爾認為——如果科學者也關心到科學以外的事情的話，那麼，真理與知識將蒙受很大的損害。

比爾甚至想到跟波蘭爭鬥，以便把這一位科學方面的天才留置於巴黎呢！

總而言之，從此以後，比爾就想盡辦法跟瑪莉見面。瑪莉來到物理學會詢問有關新發現的事情時，比爾就會去會見瑪莉，同時，他也把自己新限定版的書送給瑪莉。

有時，他也專程到李甫曼教授的實驗室，看看穿著痲布的實驗衣裳，從事種種研究的瑪莉。

比爾甚至打聽到了瑪莉的住處，訪問了菲安吉奴路十一號的瑪莉住處。或許，比爾想到了那兒正是巴斯茲魯居住過的一條街吧？

他爬到六樓的樓梯，進入了那個閣樓的房間時，頓時感覺到非常的驚訝，因為，那個房間實在太寒酸了。不過，那倒是非常適合於瑪莉的房間。當瑪莉從幾乎什麼東西都沒有的房間，穿著磨破的衣服走出來迎接比爾時，她看起來相當的標緻。

因為，房間裡幾乎是空盪盪的，以致，消瘦有如苦行僧一般，看起來似乎很倔強的面孔，頓時變成通紅，難怪看起來有一種耀人之美。

比爾平日沈重的心情，如今，有如太陽射入霧靄裡一般，完全的消失殆盡。他倆彼此的談了很多的話。這以後，比爾就彷彿變成另外一個人似的，回到了他的工作崗位。

因為，他跟瑪莉交談了以後，有一些在這以前，他認為完全沒有價值的東西，突然變成很重要的東西，而且又變成非常的明確。

比爾新的理論，被寫成很出色的博士論文。到了這時，比爾方才發現——一個女人不僅不會抹殺男性的天分，反而會使那種天分充分的被發揮出來，自從比爾接近了瑪莉以後，他對女人的看法，就有了一百八十度的改變。

那麼，瑪莉的想法又如何呢？關於這一點，比爾非常的想知道。比爾邀請瑪莉到他倆都喜歡的法國鄉下。

他倆摘了很多的茼蒿菊，把它們帶回去，在閣樓裡製造出了優美的白色氣氛。比爾也帶著瑪莉到巴黎郊外的他家，介紹她給自己的母親，以及年老的父親。

瑪莉彷彿是回到第二個自己家似的。

比爾的家族，跟瑪莉在華沙的家族非常的相似。家族都彼此的很親熱，喜歡閱讀，愛好大自然，喜愛科學，性情溫和，感情很豐富。瑪莉對比爾的家族提起美麗波蘭的點點滴滴，她在宜人而廣大的牧草地散步。以及在即將來臨的休假裡，將到波蘭及瑞士的山岳度假的計劃。

「到了十月，妳必定會回來吧？我不允許妳拋棄科學！」

比爾突然很神經質的叫了起來。

瑪莉懂得這一句話的含義；這一句話也意味著——

「瑪莉，我不允許妳拋棄我！」

但是，波蘭緊緊的抓住了瑪莉的心。

所以，瑪莉仍然有一些難為情的看著比爾說：

「誠如你所說，我也很想回來。」

不久以後，比爾鼓起了勇氣，把自己的想法說了出來，要求瑪莉嫁給他。但是，瑪莉卻是回答他，她無法辦到。對瑪莉來說，要她嫁給法國人，背叛波蘭是萬萬做不到的事情。這以後，他倆之間又展開了好幾次的議論。比爾明白科學會站在他這一邊，而且，他也不相信，只為了對一個國家獻身就能夠拋棄屬於全世界的科學。

瑪莉對比爾表示，她只願意成為他親密的朋友，在休假來臨時她又回到波蘭。

比爾對瑪莉寫了幾封長信，試圖說服她。他本來想到瑞士會見瑪莉，但是，當他知道瑪莉要在那兒會見她的父親時，他就取消了這種的念頭。因為，他擔心如此一來，可能會糟蹋掉瑪莉的假期之故。

於是，比爾就利用書信書寫了他的想法，以及他遲遲不能下定的決心。他並沒有忘記如此的寫著自己的想法——他活下去的唯一憑藉，就是不時做著科學的美夢。

以政治的世界來說，妳可能也不知道自己正在做一些什麼事情。就算妳拼命的想救國，也許，它會很快的就破滅。就算妳做著拯救人類的美夢，但是，妳也許不知道如何著手才好。但是，科學卻是最爲確實的。例如，不管是如何微不足道的小發現，它仍然會留下來。一度發現的眞理絕對不會消失。同時也不會是一種錯誤。妳就相信我吧！

對妳獻身的
比爾・居禮

瑪莉針對著自己的自由，給比爾寫回信。

收到了瑪莉的信函以後，比爾又如此的寫回信。

妳說得很對。我們都是奴隸。都屬於愛情的奴隸，也是偏見的奴隸，以爲了維持生活而賺錢來說，亦是一種奴隸。我們必需像機械齒輪一般的工作著。對於周圍的東西或者事物，我們有時必須妥協。但是，妥協得太過度的話，將變成貧窮而無用的人。不過，不適度地妥協的話，將被壓碎。

到了十月，瑪莉又回到了巴黎。不過，頑固的人並非只有瑪莉一個人。那麼，比爾所謂的必須與周圍妥協的說法又變成如何呢？比爾認真的想著——應該妥協的人或許是他自己。他萌出了這種念頭後，立刻把它付諸實施。

他放棄了巴黎，聲稱要到波蘭。他想暫時放下科學，以教法語維持生活，再經過一段時間後，重新回到科學研究的崗位。

瑪莉對布洛妮雅提起了她遲疑不決的心理。同時，針對著比爾拋棄國家的想法，聽取布洛妮雅的意見。因為，瑪莉認為她沒有權利犧牲別人，藉以成全自己。不過，想起了比爾對她所說的話，她受到很大的感動。

比爾專程去拜訪布洛妮雅夫婦，這對夫婦完全贊同比爾的看法。

布洛妮雅跟瑪莉一塊去拜訪比爾的雙親。當布洛妮雅聽到比爾的母親敘述她的兒子如何的溫順以後，認為自己的妹妹嫁給比爾後一定能夠變得很幸福。

話雖然如此的說，瑪莉仍然遲疑了十個月以上。

終於這兩個都發誓絕對不結婚的男女，好不容易放棄了這種想法，決定要成為幸福的一對人兒。

瑪莉的兄長約瑟夫，從波蘭寄給她一封充滿了理解與喜氣洋洋的信。

約瑟夫在信函裡面如此寫著——與其回到華沙當一名學校的教員，不如跟名叫比爾・居禮的法國科學者結婚，如此對波蘭更有好處。瑪莉在閱讀信件時，感覺到這一句話彷彿是波蘭在對她說似的。

實際上這以後發生的事情，每一件都證明了瑪莉的選擇是正確的。

如此這般，瑪莉被幸福所擁抱著，開始擬定了結婚的計畫。

而且，他倆的婚禮與眾不同！

一八九五年七月二十六日，太陽爬上晴朗的天空，瑪莉・史庫洛夫斯基跟太陽一塊起床。她漂亮的面孔充滿了喜悅的光采，她把漂亮的頭髮結成一個髻，再穿上卡修米爾母親所贈送的青色條紋的罩衫，新的藏青色衣服。

瑪莉並沒有正式的新娘裝，同時，她也不想要。因為在平常的日子裡她只有一件衣服，擁有第二件的衣服，固然叫她感到高興，然而，她最需要的是實用的衣服，也就是說能夠在實驗室穿用的衣服。

瑪莉準備好以後不久，比爾就來迎接，他倆搭著馬車到車站，以便再搭乘火車到索爾（比爾居住的地方）舉行婚禮。腳步沈重的馬兒走過索爾本大學前面時，他倆都以懷念的眼光看著那一所大學，因為，那兒也就是他倆相識的地方。

在索爾，除了布洛妮雅，卡修米爾，以及從遙遠華沙趕來的父親跟海倫娜之外，並沒有任何的客人。他倆沒有多餘的錢購買金戒指，甚至無法準備祝賀婚禮的大餐。最貴重的新婚禮物是堂兄弟所贈送的兩輛新腳踏車。他倆就騎著腳踏車前往新婚旅行。

婚禮舉行完畢，新娘與新郎走到庭院時，一位父親對另外的父親說——

「想必，你一定會把瑪莉當成女兒一般的疼愛。從出生到今日，這個孩子從來不曾叫我煩惱呢！」

# 第十章　居禮夫人

比爾與瑪莉計劃了一次別開生面的新婚旅行。他們並沒有購買車票，也沒有預約飯店。因為，他倆想騎著腳踏車到處旅行的緣故。

他倆帶著兩、三件換洗的衣物，由於那一個夏天的雨水特別的多，因此，他倆也帶了橡皮製的雨衣。

腳踏車的輪子靜悄悄的滑過潮濕的道路。法國的所有道路都種植著路邊樹。從茂密樹葉間透過的陽光，在林蔭樹的樹幹上製造了很多的斑點。

在他倆頭頂，夏季茂密的樹葉，在道路上面形成蛇紋似的影子。剛才下的一陣驟雨，在兩個旅行人身上灑了很多的水珠。

他倆到底將從事何種的冒險呢？他倆完全不知道，道路的末端會變成如何？今夜應該在哪兒歇腳？當然也無從知道這次冒險的結尾又會變成如何？以及在中途又會發生什麼事情……

比爾一直很喜歡在寂靜的森森裡面徜徉。他喜歡森林的冷清，以及森林的潮濕。來到了岩山的山腰時，他很喜歡嗅嗅野玫瑰的味道。

比爾一點也不在乎他走在森林裡的時間是半夜、中午、早晨，或者是黃昏。

同時，他也不在乎在上午十一點鐘吃午飯，或是在下午三點鐘方才吃中餐，甚至不在意在夜晚七點鐘，或十點鐘才吃晚飯。只要是能夠跟瑪莉在一起，比爾並不在乎這些，而且，瑪莉很守時，很有時間觀念，比爾從來就不曾為此感到苦惱。

他倆並不喜歡奢侈，因此，並沒有預定飯店的房間。黃昏抵達村落時，他倆發現了樸實的客棧。這一家客棧有小小的酒吧，總共有兩、三張桌子。

他倆進入客棧以後，客棧的主人攤開了白色乾淨的檯巾，並且為他倆端來熱湯。

吃過晚飯後，他倆爬上軋軋作響的木板樓梯，走過彎彎曲曲的走廊，再走進壁紙已經很陳舊，只有一隻蠟燭照耀的房間。

晚餐很可口，床鋪很乾淨，而且收費低廉——進入法國的鄉村以後，這一類的客棧非常之多。

有一天早晨，吃過咖啡與麵包的早餐之後，他倆騎著腳踏車在別的街道緩慢的前進。街道兩旁有著連綿不盡的森林。那種向著深處蔓延的神秘樹林，以及濃綠的樹蔭，引誘著他倆向樹林深處前進。

他倆在道路旁的農家前面下車，把腳踏車寄在那兒以後，再確定一下身上是否帶著磁石（指方向用的）。

因為，在這一類法國的巨大森林裡面，非常容易叫人迷路的緣故。他倆把蘋果放入口袋以後，再踏著青苔下泥濘有些艱難的前進。

他倆感覺到很爽快。如今，他倆已經不在乎所謂的方向以及時間。而且也沒有人會擔心他倆在什麼時候才會回來。

比爾心不在焉地在前面，大踏步地走路時，瑪莉保持著一小段距離，以比較小的步伐，跟隨在後面。以那個時代來說，女性在戶外行走時必須戴著帽子，但是，瑪莉卻不戴帽子。

就以那時的婦女來說，一律穿著長度及地的裙子，是故，一旦走在泥渾上面的話，必定會沾滿泥巴，使泥巴也污及鞋子。然而，瑪莉卻把她的裙襬往上提到叫人嚇壞的程度，再使用橡皮筋把它固定，使得腳踝都露了出來！

瑪莉腳上穿的鞋子很厚，使人很容易活動，腰部繫的皮帶附有一個口袋，裡面放置金錢、時鐘，以及刀子。

瑪莉能夠聽到比爾所說的話，不過，比爾卻有如在趕火車一般，快速又不休止的往前走去。比爾很明顯的，正對著瑪莉說話，但是，他始終不曾回過頭，彷彿是對著樹木講解有關結晶體的性質似的。

站在科學的立場來說，欲談論及有關結晶體的話，非得具備很豐富的知識不可，然而，瑪莉仍然很高興的傾耳靜聽。

瑪莉的意見、回答，以及思想的敏捷，絕對不遜色於比爾，是故，乍聽起來，彷彿是兩種聲音在表示同一種思想似的。

當瑪莉感到疲倦時，他倆會馬上走到森林的空地。在那兒，有一個長滿了蘆葦的池塘。瑪莉坐在岸邊晒晒太陽，比爾則有如一個少年似的，想到池塘抓蜻蜓、蠑螈、鯢魚。

池塘裡有盛開的睡蓮，雙手所及之處，開著一片黃色的愛麗絲。比爾想為瑪莉摘取那些睡蓮以及愛麗絲，但是苦於沒有船隻可用。

就在這時，他發現道路那邊有一棵樹倒在水上。如此剛好幫助了比爾。不過，樹幹似乎有一點兒滑，可能會叫他滑倒呢！可是，為了自己心愛的妻子，就算弄濕了身體又算什麼呢？

所幸，一切都進行得很順利。比爾回到了瑪莉身邊後，立刻使用那些仍然潮濕的花兒做了一個花冠，再使用它來裝飾愛妻的頭髮。

接著，比爾彷彿發現了他想抓的東西一般，四腳落地，爬到池塘旁邊。瑪莉一點也不在乎比爾在做些什麼。因為，八月天實在太熱了，在這種溽暑的天氣裡，最好是靜坐著什麼事情也不做。

突然間，瑪莉如雞貓子一般尖叫了起來，再以恐怖的眼光看著自己的手。原來，一隻又冷又潮濕的青蛙，正坐在她的手掌上面！

「妳討厭青蛙嗎？」比爾很驚訝的問，因為他一向很喜歡青蛙。

「我並不討厭青蛙，但是，我不喜歡牠坐在我的手掌裡面。」

「那又有什麼關係呢？妳仔細的瞧瞧牠。青蛙很可愛呀！」

比爾雖然如此的說著，但是，他仍然抓起了瑪莉手上的青蛙，再把牠放進池塘裡面。如此一來，他倆又恢復了愉快的情緒。他倆又開始走路，而且，又喋喋不休的說話。他倆走回到放置腳踏車的地方。一路上，瑪莉一直戴著比爾做的那一頂花冠。

到了八月中旬，他倆步行於包圍巴黎的林蔭道，來到了位於北邊的香第鎮。

這一座鄉鎮在廣大的森林裡面，一直到現在，賽馬用的馬兒仍然從馬廄中眺望著行人。瑪莉跟比爾在號稱「牝鹿」的森森中農家，準備跟家族見面。

走了不久以後，他倆真的在那兒會見了布洛妮雅、卡修米爾，以及大家稱呼為「魯兒」的嬰兒（本名為愛莉諾），多魯斯基年老的母親、瑪莉的父親史庫洛夫斯基，以及海倫娜。

這類森林裡的農家有著別處所沒有的魅力。除了偶爾可以聽到狗兒的吠叫聲，樹林相碰的聲音，野兔跑動的聲音，以及野雞驚訝而飛起來的聲音之外，什麼聲音也沒有。舉目望去，地面都由鈴蘭枯萎的黃色葉子所覆蓋著，不覺令人想起，如果在五月的花期到此遊覽，那該多好。

在農家裡面，大夥兒愉快的談笑，就連可愛而有些滑稽的魯兒也加入了閒談。農家的人有時很認真的跟史庫洛夫斯基談起科學的問題，偶爾也彼此談及育兒方面的秘訣。

農家的人也跟來自索爾的比爾父母談及醫學與政治方面的問題。

法國人是很喜歡閒談的民族，瑪莉時常聽到公婆跟朋友們大談政治的事情，以致感到非常的驚訝。對法國人來說，政治也就是他們的生活，他們很關心自己的國家如何的被治理。

在講求自由的法國裡面，大家都可以自由的談論自己喜歡的事情，正因為如此，大家往往會越談越起勁。但是，比爾卻是與眾不同，他一向討厭政治，因為，他不喜歡為此感到憤怒。

但是，如果政治的方式不公平，或者施政手法太苛刻的話，或者聽說有某些人民遭受到壓迫的話，他就會站在被壓迫者這一邊。

結婚旅行結束後，比爾跟瑪莉就住進巴黎的一座公寓。那是一個與眾不同的家庭。因為，他倆認為沒有賓客會造訪，所以只擺了兩張椅子。如果有不識相的人，想做一場正式拜訪，而步上五樓的話，一旦看到他倆伏案讀書，又沒有自己坐的位置的話，就算臉皮再厚的人，也不得不匆匆的告別。

居禮夫婦沒有太多的時間招待別人。而且，瑪莉必須做兩人份的工作。也就是說，必須做一般主婦認為已經足夠的工作，以及一般科學者認為「多多」的工作。

瑪莉盡量的使家庭工作變成簡單，盡量的減少時間方面的浪費。她不鋪必須撢掉灰塵的地毯，以及必須時常刷擦的掛肘椅子、沙發等等。

牆壁上面不掛必須撢去灰塵的東西，以及非擦拭不可的東西。桌子、兩張椅子，以及書櫥等等，都使用樅木材製成的現成貨，因為沒有光澤，處理起來很容易，房間裡顯得很素雅，只有花瓶裡面的新鮮花兒，吐露出芬芳之氣。

另一方面，成堆的書本、油燈，以及如山一般高的物理學文獻，表示出了那兒就是學者的「巢穴」。

他倆彼此的相愛，愛著大自然，愛著學問。因此，除了這些以外，他倆並沒有任何的奢望。

不過，他倆仍然不能不吃東西。的確，對他倆來說，這是一件很遺憾的事情，但是，瑪莉再也不敢無視於這個事實。

為了瞭解所謂的家計，瑪莉購買了一本家計簿。那是一本黑色的簿子。書皮上使用金色的文字寫著「家計簿」三個字。因為，瑪莉知道完整的家計之數學，乃是幸福家庭最重要的基礎。尤其是對一個每年只能以六千法郎維持的家庭來說，更是如此。

三餐的食物也必須盡量的求其完美。否則的話，比爾的胃腸可能被弄壞了。

瑪莉為了科學的研究，幾乎整天都在實驗室度過，是故，她必須想出一種晚餐能夠自動被煮成的方法。現實是最為苛酷的，但是若把頭腦善加利用的話，就可以反過來利用現實。

最重要的一件事情，莫過於使一天的時間拉長。瑪莉為了到市場起見，早晨很早就起身。從市場回來後，再整頓床鋪，打掃房間，再準備早餐。

在結婚以前，布洛妮雅、卡修米爾的母親，都分別教過瑪莉烹飪。但是，光是使用嘴巴傳授的話，根本就沒有多大的效果，而且也叫人記不起來。所幸，比爾並不挑食，不管瑪莉烹飪如何的笨拙，他也津津有味的吃著。

只是，瑪莉具有強烈的要強之心。她不能忍受善於烹飪的婆婆以冷眼對她，認為波蘭女子不會動鍋鏟。於是，瑪莉就有如猛啃科學的書本一般，一次又一次的閱讀烹飪的教材。她甚至記下失敗與成功的記錄。

但是話又說回來啦！烹飪的教材仍然有說明不足的地方。例如，在煮牛肉方面，它就沒有說明應該使用熱水煮？冷水煮？或者必須添加什麼材料？

除此以外，像煮豆需要多久的時間？已經黏在一起的通心粉如何使它們分開等等，都沒有說清楚。

但是，憑著一次又一次的經驗，瑪莉也變成善於炊事的巧婦了。因為，她想出了好幾種她不在家的時間內，放置在瓦斯上面自然就能夠煮好的菜肴。瑪莉配合著每一種菜肴被煮熟的時間，正確地計算出了瓦斯火焰的大小。

瑪莉在調節火焰的大小以後，方才走出家門，在實驗室度過八個小時。想不到科學的知識能夠應用到烹飪方面，這一點是瑪莉未曾預料到的一件事情。

在黃昏，瑪莉跟比爾走回家的途中，再購買水果及食品。回到家，吃過了晚飯，做完家事，待把一天的費用都書寫在家計簿以後，再取出書本閱讀，以便獲得其他的資格（類似資格證照）。

瑪莉就如此這般，一直用功到翌日上午的兩點鐘。她的一天很長，從午前六點到翌日的午前兩點都在工作、閱讀。瑪莉如此的寫信給她的哥哥——

我的身體健康，生活方面也順利。我倆居住的公寓逐漸的變成我預想的樣子。我盡量的把一切簡單化，盡量的不爲身外的東西費心。我幾乎不需要任何的幫傭，不過，仍然僱用一位婦女一天工作一個小時，代我洗衣，以及比較費力氣的工作。

瑪莉跟比爾幾乎沒有任何的消遣。他倆時常到索爾拜訪比爾的父親。比爾的父母為他倆準備兩個房間，使他們仍然能夠在自己家裡一般的用功。

瑪莉跟比爾幾乎不曾上劇院，甚至任何地方都不去。海倫娜在華沙舉行婚禮時，他倆也無法撥冗參加，一直到瑪莉參加一連串考試的翌年八月為止，除了復活節的兩、三天休假之外，他倆一整年都在用功。

瑪莉又以最好的成績通過考試。比爾很驕傲的用兩手環抱瑪莉的頸子，回到家以後，立刻把腳踏車灌滿了空氣，稍微攜帶了一些隨身用物，立刻朝奧貝爾牛山脈出發。關於這一次的休假之事，瑪莉如此的寫著——

經過了一段辛苦時間之後，我倆終於走進一片清新的空氣裡面。燦爛的太陽光照耀著綠色的樹叢，我倆浴著一片陽光，橫過了一大片的草原，那種陽光普照的上，巒，實在非常的耀眼。

還有一段最難以抹滅的記憶是，當暮色籠罩多留易爾的峽谷時，一些順流而下的小船，雖然船身已經消失於暮靄裡面，但是，悠揚的歌聲仍然有如變魔術一般，從山谷傳了上來。

我倆由於距離方面算錯，在天亮以前一直無法回到客棧。跟兩頭馬兒拉的馬車隊相碰時，由於馬兒害怕腳踏車，我倆不得已把腳踏車拖進用地裡面。

待我倆再度回到路上時，高原已經由如夢似幻的月光照耀著。那時，在圍柵裡過夜的母牛們，一隻抱一隻緩慢地走了過來，驅使牠們柔和而大的眼睛看著我們。

休假一過，瑪莉跟比爾又開始工作。恰有如往昔長輩告訴過她一般，對於世界最好的東西，非得耗費很高的代價不可。如今，瑪莉正切身的體驗到這一件事情。

瑪莉一向喜歡科學，恰有如不管什麼事情她都要向比爾看齊一般，如今，瑪莉很想要一個嬰兒。不過，正因為如此，她再也不可能想要什麼，就可以獲得什麼了。為了肚子裡面的嬰兒著想，她不能為了鋼鐵磁化的研究，整整站立八個小時。

同時，瑪莉由於懷有孕身，再也不能跟比爾整天騎著腳踏車在布魯塔紐地方的河口地帶跑來跑去了。如今，瑪莉也知道她必須忍耐很多的事情，以致，感到又驚訝又失望。不久後，瑪莉的父親從波蘭趕來，把她帶回波蘭休假。

這以後，比爾就以簡單的波蘭文寫信給瑪莉。

波蘭文相當的艱深，但是，比爾很得意於他波蘭文的進步。

> 我最喜歡的可愛小姑娘。今天我收到了妳的信件，感到非常的高興。只差了妳不在我身邊之外，此地沒有任何的改變。我的心，老早就跟妳走了。

瑪莉也使用淺顯的波蘭文為比爾寫信。

今兒的天氣很好。陽光普照著大地呢！溫度很高。你不在我身邊，叫我感到很寂寞。請你早一點來吧！我會從早晨一直等你到夜晚。可是，你久久不來。

我很健康。

我盡量的在用功，但是，波安卡烈的書本比我預料中還艱深，不懂的地方我必須請教你，或者我倆一塊來研究。

不久後，瑪莉生下了伊蕾娜，以致，她的工作量以及快樂增加了。瑪莉稱呼這個女嬰為：我的「小女王」。哺乳、洗澡，以及穿衣服等等都是親自動手。如非醫生一再叮嚀的話，瑪莉絕對不會借用保母的手，什麼事情都自己動手。

如今，瑪莉必須耗費很多時間的工作，不止有三項甚至增加到四項。

那就是——實驗室、家庭、丈夫以及女兒。當她想閱讀書本時，剛剛長牙的伊蕾娜就會大聲的哭叫，不然，就是招了風寒，打到了頭部，或者發熱。逢到那種場合，兩位偉大的科學家夫婦，為了照顧藍眼睛的嬰兒之故，通常都不能睡覺。

有時，伊蕾娜分明很健康，但是，在實驗室忙碌著研究的瑪莉突然感到恐怖，放下了她的論文，以為那保母忘了帶出嬰兒，因此匆匆的趕到公園。其實，並沒有那一種事情，保母已經把伊蕾娜放入乳母車裡面，正把她推了過來。

等到保母回去以後，伊蕾娜就由她爺爺照顧。從此以後，逢到瑪莉必須上實驗室時，伊蕾娜就給她祖父照顧。

不過，伊蕾娜的母親卻是越來越消瘦了。雖然瑪莉消瘦有如黃花，但是看起來卻是比以前更為標緻，更顯得風骨傲然。除了廣闊的前額以及一雙銳利的眼睛以外，好像只要有風一吹就會把她刮倒似的，看起來，實在不像一個活著的人。

# 第十一章　偉大的發現

瑪莉有如其他偉大的科學者一般，一直在實驗室裡面從事研究。她已經獲得兩個學位，以及大學特別研究員的資格。同時，她也撰寫了有關鋼鐵磁化的論文。

不過，瑪莉仍然想獲得博士學位。為了取得這個學位起見，她必須發現人們未知的東西，或者解決人們還未解決的問題。

仍然未解決的問題有很多，但是，其中的幾個問題實在很難以解決。甚至耗費了一生從事研究，到頭來，可能會白白的耗費時間與人生呢！

誠如莎士比亞所說，大自然具有所謂沈默的偉大才能。在那些未知的東西之中，瑪莉到底選擇了什麼東西呢？

比爾是瑪莉實驗室的主任。他也是瑪莉可以請教的人，同時，也是具有偉大知識以及經驗的物理學者。對於瑪莉必需知道的事情，以及能夠幫助她的種種事情，或甚至能夠引導她進入更深一步知識的事情，比爾每一次都能夠給予瑪莉暗示。

至於封閉知識入口處的東西，到底又是那一種未知的東西呢？瑪莉跟比爾時常針對著這個問題議論。

有一天，當瑪莉翻看刊載最近新發現的科學雜誌時，突然發現了安利・貝庫列爾的研究報告。一年前，當那種東西首次被發現時，曾經引起瑪莉跟比爾的興趣。瑪莉再仔細的閱讀一次，很注意的閱讀一次。

那種東西本身就會發光！不必從太陽及星星接受光線，本身就會發光！這不是太叫人感到興趣嗎？瑪莉感到莫大的興趣。

那時，德國物理學者倫琴剛發現了所謂X光的新光線，也就是一般所謂的放射線。醫生就利用這種光線透過人類的皮膚，檢查隱藏於皮膚下面的東西。

接著，波昂卡利認為——可能還有類似X光線一般的其他放射線。貝庫列爾也對這個問題倍感興趣。他認為——如果真的有那種放射線存在的話，是否可以把它發現出來呢？以致，開始研究好幾種的物質。

當他研究所謂鈾的元素時，碰到了叫他感到非常驚訝的事實。鈾鋪的化合物，完全不必使用光線照射它，它就能夠發光。原來，鈾本身就能夠發出某種的光線！

在這以前，沒有人發現到這種現象，同時，也沒有人能夠理解以為說明。但是，貝庫列爾已經知道了好多點。

例如——使用黑紙包好拍照用的底片，再把鈾的化合物放置於底片上面的話，鈾的化合物就會透過黑紙使底片感光。

同時，鈾的放射線能夠使周圍的空氣通電，使驗電器的電氣透過空氣溜掉。實在是叫人感到訝異的放射線。

就如此這般，貝庫列爾發現這個世界有這種不可思議的放射現象。瑪莉下定決心要解釋這種現象，這不就是最適合於當成博士論文的課題嗎？

或許，那是很細小的東西，但是，瑪莉並不想放走它。到底，那種放射由何而來呢？它的來源是什麼？其原因又是什麼？它又具有何種性質呢？

說得明白一些，瑪莉想發現所謂的放射線是什麼東西。為了說明，必須探查明白，它到底是什麼東西。以參考資料來說，除開貝庫利爾的報告，可說空無一物。就以那一份報告來說，並未曾對這個問題展開深刻的研究。

以當時來說，全世界竟然沒有一個人知道瑪莉的研究課題。正因如此，沒有一個人能夠指導她。瑪莉對未知的世界展開了無盡的冒險。然而，必須有如想進入巴西秘境探險，必須搭乘開往亞馬遜的船隻一般，瑪莉需要舉行實驗的房間。但是想找到這種房間談何容易？

關於這一點，比爾問遍了他的朋友，答案是——每一個房間都使用於重要的目的，況且，誰也無法提供適當的實驗場地。就在這時，比爾執教的學校校長表示：

「樓下的那一座古老倉庫或許可以派上用場。」

古老的倉庫充滿了蜘蛛網，到處擺著機械以及零件，但是，面積相當的寬廣。

在那一個古怪的地方，瑪莉佈置了自己展開實驗的場所。所幸，她已經過慣了不自由的生活。不過到了冬天，必須忍耐攝氏六度的寒冷。關於這一件事情，瑪莉並不在乎，但是，器具卻是比瑪莉更為敏感。例如，牆壁的濕氣對實驗器具不利，時時要保持一定的溫度。尤其是電位計最難侍侯。瑪莉必須討好電位計，必須特別的照顧它。

首先，瑪莉著手研究鈾的放射線。

第一步要做的事情，不外是量取那種放射線的強度。

例如——放射線能夠使空氣透過電氣於何種程度，也就是說，必須調查欲使檢電器放電的話，必須耗費多少時間。

瑪莉的驗電器是金屬箱子，兩側打開著兩個洞孔。裡面的黃銅鈍長板（B）垂直地被裝設於蓋子內側，性能良好的絕緣體之硫礦塊（SS）。黃銅的細長板（B）水平地連接一條鐵絲，鐵絲的一端延伸到把手（C），另一面則延伸到蓄電板（P）。

同時，板（B）附有細長的金箔（L），外側的金屬箱則接著地線。

首先，使驗電器充電，使金箔打開，再把欲實驗的物質放置於跟箱子外側連接的蓄電板（P）上面。這種物質能改變蓄電板P與$P_1$之間的空氣，使電氣能夠通過，以致，驗電器裡面的電氣也會開始洩漏出來。隨著洩漏，金箔（L）就會逐漸的關閉。

瑪莉透過顯微鏡以及箱子的洞穴，凝視著箱子裡面正在發生的事情。如此一來，她得知金箔關閉所需的時間，跟鈾放射線的強度成正比。

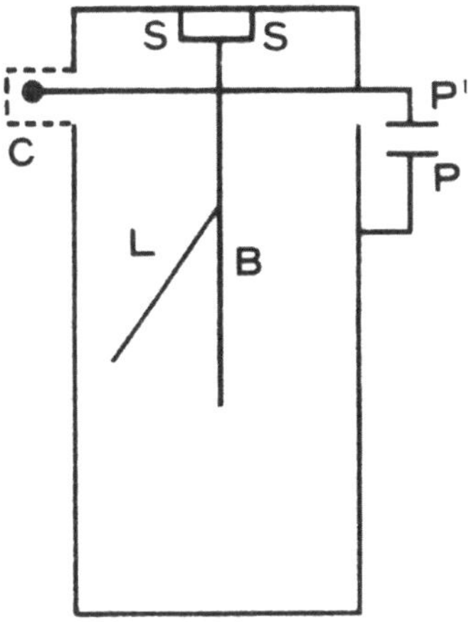


經過了兩、三個星期以後，瑪莉就明白了如下的事情。

那就是，鈾所放射的能力，也就是鈍放射線的強弱，跟蓄電板（P）上面放置的標本所含有的純粹鈍量成正比，而不受到標本的化學構成，以及光、溫度等外部條件所影響。那種具有完全獨立性質的東西，到底又是什麼東西呢？

研究了鈾以後，對於這種不可思議的放射線，瑪莉不能更進一步的認識它。

瑪莉認為這種具有獨立性質的小東西，很可能是鈾以外的某種東西。除了認為它是鈾的化合物以外，沒有人更進一步的認識它，然而，這並非意味著誰也無法揭開它的本來面目。時到如今，瑪莉只好展開調查了。

除了調查所有已經被知道的元素之外，瑪莉還要照顧她的丈夫，她的家庭，以及為女兒伊蕾娜穿衣服，餵食，跟她遊玩，以及教導她。但是，瑪莉・居禮的問題已經浮現了某種的推測。

這種推測可以在任何人的心中浮現，不過，卻始終不曾在任何人的心裡浮現。

那種所謂的推測也者，也就是——如果鈾能夠單獨地發光的話，在這個偉大的宇宙裡，說不定有製造出相同現象的物質。

的確，有這種物質。瑪莉發現了所謂釷的另外一種物質。接著瑪莉又為這種能夠自己發光的性質，取名為放射能。

就如此這般，瑪莉以無數的方法與比例，把已知的所有元素組合起來，仔細的調查製造這個世界的物質。經過調查以後，獲知具有放射能者只有鈾以及釷而已。

然而，應該如何說明那種不可思議的美麗之力量呢？

關於這一點，瑪莉發覺自己所找到的解釋，似乎完全的不適合。不過，她既然已經查遍了所有已知的元素之後，又能夠著手做什麼事情呢？

可是，在這個世界裡面，幾乎什麼東西都可以找得到。由元素所構成的東西實在太多啦！而且，瑪莉又擁有所謂好奇心的天分。

瑪莉進入博物館裡面，開始研究起了礦物。她在想——含有鈾以及釷的物質，當然具有放射能。如果兩者都不含有的話，當然也就沒有放射能囉？

這時，已經有別的人在記錄各種的礦物由什麼物質所形成。因此，瑪莉就根據這些記錄，調查一些很可能含有放射能的物質，也就是含有鈾以及釷的礦物。

瑪莉找到具有放射能的礦物時，立刻衡量它的鈾含量。同時，她也衡量釷的含量，接下來，再衡量全體的放射能。

結果呢？原本1＋1＝2，如今卻變成8！

1＋1＝8！

瑪莉所調查的礦物放射能，竟然比該礦物所含的鈾及釷的總放射能還要多！不過，根據這以前的實驗，絕對不可能有這一種事情。

正因為如此，瑪莉必須從頭再來一次實驗。她認為可能有什麼地方弄錯了。

如果真的有什麼錯誤的話，瑪莉很可能又重蹈覆轍，因為，結果總是一樣！她一次又一次的重複著實驗，前後已經做了二十次的實驗，但是，結果仍然是相同。到了這種地步，只能夠如此的說明——

那就是，此種礦物極為少量，幾乎是眼睛所看不到，但是，具有此鈾與釷更為強烈的放射能，也就是含有完全未知的物質。

就如此這般，在一八九八年，對人類來說，有了一種完全未知的物質存在。

瑪莉如此對布洛妮雅說：

「現在，我仍然無法說明，只知道這種放射線來自未知的元素。那元素確實存在，我只要去發現它就行了。

比爾跟我都確信那種元素的存在。不過，當我倆對其他的物理學者提起這一件事情時，他們都認為，我們在實驗時可能弄錯了什麼事情，因此，忠告我倆必須慎重行事。我認為絕對沒有錯誤。」

瑪莉非常的興奮。對於那種未知的元素，她不能老是讓它停留於未知的階段。瑪莉在以前，曾經如此的寫過——

對於我們每一個人來說，所謂的人生也者，並非很簡單而容易處理的事情。那麼，我們應該如何去面對它呢？我們必須百般的忍耐，必須對自己有信心才行。

我們必須相信，我們的才能是爲了某種目的，方才由上天賦予的。是故，不管要付出多大的犧牲，仍然非達到那個目的不可。

一八九八年四月十二日，瑪莉・居禮正式發表了以下的一件事——

瀝青鈾礦與磷銅鈾礦，比起鈽來，具有更為強烈的放射能。

這一件事實很明顯。比起鈾來，這些礦物含有更富於放射能的元素。

瑪莉相信這種新元素的存在，但是，她除了憑自己的眼睛看到之外，還必須讓別人也看到才行。在這以前，比爾對妻子的研究抱持著很大的興趣，時常跟妻子展開議論，如今，他卻放下自己的研究，跟瑪莉一塊努力研究，以便揭發那個隱密元素的本來面目。

從此，兩個頭腦跟四隻手開始跟那小小的東西戰鬥。發現那兒有元素者為瑪莉。這原本是瑪莉的功勞。

但是在這以後，瑪莉跟比爾把所有的研究成果等分。

瑪莉跟比爾決心研究瀝青鈾礦。

那是因為瀝青鈾礦含有鈾四倍的放射能的緣故。不過，構成瀝青鈾礦的所有元素，老早就被所有的科學家知道了。

瑪莉跟比爾認為——正因為那個未知的元素，在量方面太少，以致逃過了謹慎的科學家的眼睛。

他倆推測，這個元素很可能只有瀝青鈾礦的百分之一。如果在剛開始研究時，推測為只有百分之一的話，他倆又會如何的進行呢？

他倆把所有構成瀝青鈾礦的元素分離，再逐一的衡量「釙」這一個元素的放射能。隨著研究的進行，他倆獲知所謂的放射能存在於瀝青鈾礦裡面的兩個化學成分之內。

換句話說，獲知有兩種未知的物質存在。

一八九八年七月，瑪莉跟比爾發現了兩種物質中的一種。

「妳就給它取名吧！」比爾對瑪莉說。

瑪莉的內心出現了很多的念頭。

「這一次的發現可能會遐邇聞名，很可能在很多的國家被發表。如果真的這樣的話，不妨以苦難的祖國波蘭為名字。」瑪莉如此的想著。

同時也應該趁此機會，給壓制波蘭的國家瞧瞧，波蘭也能夠對世界有所貢獻。

情。

「就叫它鈈（Polonaise）吧！」瑪莉如此的對比爾囁嚅。

接著，瑪莉回家，著手製造水果凍，給伊蕾娜穿衣服，在日記裡寫下伊蕾娜的體重，她長出乳牙之事，能夠舉手表示「謝謝」的事情以及會說出「來……來……」的事情。

接下來，又到了休假。

兩位科學家把鈈以及另一個未知的物質留在潮濕的實驗室，帶著嬰兒、腳踏車，搭乘開往奧貝紐高原的火車。他倆瀏覽大寺院，古老的禮拜堂，以及形狀奇妙，有如楔形一般的山丘，再徜徉於有著休火山的市鎮，一面談論著人們還不曾看到的一種東西。

他倆眺望著一座平坦的山岳。

法國最初的英雄——威金多利斯就在此地叫凱沙嚐到了敗北的滋味。瑪莉跟比爾也到貝爾多蘭墳墓所在地的小鎮。這個人使法國人第一次產生了國家的自覺。

他倆從高原眺望一條古老的道路。在古時，腓尼基人從未開化的英國把錫運到文明極盛的東方時，正是利用這一條道路，是故，它就被稱之為「錫路」。

這種上古的歷史，好像活生生地存在於他倆的身邊一般。

不過，在他倆的腦海裡，對於那種未知，未來物質的思想，一直有如小星星似的在閃耀著。對於我們來說，那種物質的力量仍然是一個謎……

到了秋季，居禮一家人又回到工作崗位。

伊蕾娜長出了更多的牙齒，不再在地面上爬行了，已經開始使用兩腿走路。而伊蕾娜的父母又關入潮濕的實驗室，又開始尋找那種不可思議的物質。

一八九八年十二月二十六日，在對科學學會的報告裡，瑪莉跟比爾寧靜地發表——

這種新的放射性物質包含著新的元素。我倆提議把它命名為鐳。

鐳的放射能必定是很大的。

# 第十二章　黑暗裡的光輝

就如此這般，此種放射能所具有的不可思議的物質，有了它的名稱，但是，沒有任何人看過它的本來真面目。

就連把它取名為「鐳」的瑪莉與比爾也不曾看到。

那種不可思議的東西，並不能有如世界的所有物質一般，可以觸摸到、看到，或者把它放入瓶子裡面，秤秤重量。而秤重量，乃是最重要的一件事情。

對科學者來說，所謂的重量，也就是「原子量」，乃是證明一種物質存在的東西。依照科學者的想法，僅管瑪莉跟比爾的頭腦裡面有著某種物質，但是，連它的原子量都不知道的話，站在科學的立場上，根本就不能承認它的存在。

瑪莉跟比爾必須取得鐳，再量取它的重量。只要做到這步，別的科學家就會相信。

「那種元素雖然是在瀝青鈾礦裡面，但是，由於在量方面實在太少，因此才看不到。如果能夠大量地獲得瀝青鈾礦的話，而且，又能夠取出其裡面所有的鑽的話，必定能夠成為眼睛所能夠看到的量。」居禮夫婦如此的推想。

但是，又如何去得大量的、上百噸的瀝青鈾礦呢？就算能夠得手，又如何的去保管它呢？就算有地方放置，又如何的去處理它們呢？

所謂的科學者也者，通常是一步挨一步地處理事情。

首先，瑪莉跟比爾如何去找到那麼多的瀝青鈾礦呢？說起來也相當的簡單，因為，他倆在不費吹灰之力之下就找到了！

原來，波西米亞人在製造漂亮的玻璃時，通常都使用瀝青鈾礦。

但是，那些瀝青鈾礦非常的昂貴，居禮夫婦沒有那麼多的金錢購買。但是，波西米亞人並非直接使用瀝青鈾礦製造玻璃。為了製造玻璃起見，他們必須從瀝青鈾礦中取出鈾，至於業已取出鈾的垃圾，他們則把它們丟棄於聖約瑟斯達爾森林，堆成了一座粉末的山。

「鐳以及釙並不在鈾裡面。搞不好在殘餘的垃圾裡面。是故，只要跟玻璃製造業者打商量，他們可能會廉價的賣給我們。」

居禮夫婦如此的說。

「我們不會收妳一文錢，只要妳付運費就得啦！」

製造業者很親切的說。

其實，運費也非常高昂呢！居禮夫婦提出了他倆的儲蓄，再送到波西米亞。

問題就如此的解決了。

眼看著不久後，瀝青鈾礦的殘渣就要被貨車載來了，不過，應該把它們放置於哪兒才好呢？

比爾跟瑪莉前往科學根據地的索爾潘奴大學。因為，他倆認為必定能夠在廣大的建築物中找到放置貴重殘渣的地方，但是，始終找不到。

正因為如此，他倆又回到了自己的物理化學的學校。可是，即使在那兒也找不到滿意的地方。

只有一個能夠使用的地方，乃是他倆實驗室隔著中庭，在對面的倉庫。不過，那是再簡陋不過的倉庫！

玻璃舖成的屋頂已經壞掉，以致會漏雨，如此的話，必定會阻礙到實驗的進行。地面並沒有舖裝，只塗抹一層焦油而已。

在那個倉庫裡面，只有一、兩張廚房用的桌子、一個黑板，以及一個附有生鐘煙囪的爐子以外，沒有任何的家具。夏天在那兒工作的話，他倆將由於燠熱而感到格外的疲倦，因為屋頂為玻璃的緣故。

逢到冬天的話，由於沒有火爐的設備，外面一旦冰凍的話，他倆必定會打起哆嗦。一旦下雨的話，非變成落湯雞不可。

但是，這些都不是非常重要的事情。因為，並沒有通風的洞孔，以便排出有害的瓦斯，是故，大部分的工作必須在外面進行。

有道是「向人要東西，不便挑剔。」

在走投無路之下，居禮夫婦只好在這小屋裡委曲了。

偉大的早晨來臨。

拖著沈重雙輪貨車的馬兒們，響著鈴子，戴著黑色獸皮頸圈，出現於物理化學學校外面的空地。馬兒看到穿著實驗衣，在不戴帽子之下，大喜過望的迎接馬車的一對男女時，必定感覺到非常的驚訝，因為在一般情形之下，煤炭並不受到歡迎。

然而，那些貨色並非煤炭。

那是裝滿了茶色殘渣的袋子。瑪莉等不及那些袋子被搬入裡面。她懷著興奮的心情，在馬兒凝視的眼光下，迅速的打開袋子。

那些正是瀝青鈾礦！也就是瑪莉的瀝青鈾礦！

那些瀝青鈾礦固然很重要，但是，瑪莉的內心、眼光，以及她移動的手指也充滿了好奇。終於瑪莉把兩手伸入混合著波西米亞松葉的茶色瀝青鈾礦的殘渣。

所謂的鐳，具有放射能的不可思議的東西，真的會藏在那些殘渣裡面嗎？瑪莉能夠在這些殘渣裡面找到星星嗎？就算必須煮過有如山一般的殘渣，瑪莉也發誓要把那種物質找出來。

最初一噸的殘渣袋子被搬進倉庫裡面，瑪莉開始實驗。她總共耗費了四年時間研究，對瑪莉的生涯來說，這是一段最好，也是最快樂，最為辛勞的一段歲月。

瑪莉使用一個大鐵鍋煮著礦石的殘渣，使用一根幾乎跟她一般高的鐵棒攪動它們。她一整天都在研究，為了不使工作中斷起見，甚至在倉庫裡吃飯。她穿著破舊的工作衣，任由風兒吹動她的頭髮。使勁的攪動鍋裡泥渾似的東西。

另一方面，比爾坐在室內的桌子前面，利用微妙而精密的實驗，從事發現鐳之特性之研究。有時，瑪莉一次處理二十公斤以上的礦石，以致，倉庫裡面擺滿了裝著沈澱物以及液體的大水缸。

瑪莉必須運搬沈重的東西，為了把內容物注入另外的一個水缸裡面，必須把水缸抬了起來，同時，必須時常的去攪動鍋裡正在沸騰的東西。

一整天在倉庫裡做完累人的工作後，瑪莉還必須擔任育兒的工作。她給伊蕾奴洗澡，再把她放到床上後，很想跟比爾關在書齋裡面從事研究。

想不到，伊蕾娜的想法跟母親不一樣。

瑪莉一旦以背部對著伊蕾娜時，背後立刻就會響起她「哇哇——」的可憐哭叫聲。如此一來，瑪莉又會走回嬰兒房間，耐心的坐在伊蕾娜身旁哄她，一直到她睡著為止。

可是，比爾並不喜歡瑪莉如此的做。因為，他很需要瑪莉的協助。總而言之，瑪莉必須等到伊蕾娜睡著之後，方能夠跟比爾一直研究到深夜。

一天復一天，都在進行著相同的工作，到底所謂的鐳在哪兒呢？是否，絕對找不到它呢？

一個月……十二個月……第二年又變成第三年。第三年又變成第四年。居禮夫婦只想著一件事情，只談論著一件事情，有如夢一般的從事研究。

「當我們發現它的時候，它到底會像什麼東西呢？」

有一天，瑪莉跟比爾在中庭散步時，如此的問他。

「它必定具有漂亮的顏色！」

比爾如此的回答。

一九〇〇年，法國的化學家安德烈・多畢奴來幫助瑪莉跟比爾。居禮夫婦在還未看到鐳以及釷以前，發現了兄弟一般的元素，而把它稱之為錒。

馬車一次又一次的把大量的瀝青鈾礦殘渣運到門前。日復一日，瑪莉必須很有耐心的把殘渣煮成濃縮狀態，再抽出內容物，鐳就在裡面逐漸的凝集。然而，鐳依然深藏著，不輕易的暴露自己的祕密。

瑪莉一向具有超人的忍耐力，但是，困難卻一次又一次的降臨到他倆的身上。

瑪莉與比爾缺乏充分的生活費，同時也沒有充裕的研究時間。為了賺取一個月五百法郎的生活費，比爾必須兼很多的課。如此一來，研究鐳的工作就會被剝奪，而且，那些錢還不夠支付生活費，以及伊蕾娜保母的工錢呢！

於是，比爾試著想找大學教授的職務。

只要找到大學教授的工作，不僅有較多的時間從事研究，而且，收入也可以增加。而且，大學還擁有電氣設備的實驗室。到了夜晚也不必改一大堆叫人頭昏的卷子。

很不幸的，所謂的地位也者，並不一定屬於工作能力最強的人。那些工作往往歸於校長的朋友，或者是善於表現自己的人。

逢到有這種機會時，按照那時的習慣，必須去拜訪所謂的任命委員，而比爾就是最不屑於如此的巴結逢迎。他在非常不自在之下按了門鈴，待被請到屋裡，任命委員出現時，比爾會感覺到非常的害臊，以致於忘了自己登門拜訪的目的，而會熱心的讚揚競爭的對手。

不過，為了生活下去，非做一些事情是不可的。比爾終於在法國最著名的兩所高等理工科學校之內，選擇了一所擔任復習教師的職務，如此一來，每年可以增加兩千五百法郎的收入。

就在這時，日內瓦大學欲聘用比爾為大學教授，這也就是他夢寐以求的一份工作，而且，又可以提供設備與器具齊全的實驗室。

比爾接受了這個職務，跟瑪莉前往日內瓦。然而，一旦到了日內瓦，他倆方才發現拋棄不了巴黎，以及他倆孩子一般的鐳。只有在巴黎方才能夠研究鐳。於是，比爾對日內瓦大學說聲抱歉，放棄了很好的地位與待遇。

就如此這般，居禮夫婦又回到了貧窮，但是有鐳的巴黎。

這以後，比爾先後在物理、化學、自然科學學校找到了教職，瑪莉則教導巴黎塞浦爾女子高等師範學校的學生。

對這些年輕的女孩兒來說，接受瑪莉的教導，乃是非常幸運的一件事情。

最可悲哀的一件事情，莫過於能夠在塞浦爾女子師範教授科學的人可說比比皆是，然而，從事於鐳的研究者卻是只有瑪莉一個人。瑪莉很仔細的準備授課的教材，以致，受到各方面的讚揚。

瑪莉的授業具有獨創性，幾乎是那些學生不曾接受過的，可以說非常的富於魅力。但是，在一星期內必須好幾次搭乘長時間的電車，使瑪莉感到非常的疲倦，並且浪費了很多寶貴的時間。這種情形，就彷彿叫大畫家的林布蘭特去塗刷門柱似的，真是大材小用，使得瑪莉跟比爾都感到非常的灰心。

他倆必須到何時，方才能夠發現鐳呢？

瑪莉又忘了婚後的好習慣，好好的吃三餐。

「你倆夫婦幾乎什麼也沒吃……有一次，我看到尊夫人只吃了兩小片的香腸，再喝一杯茶，就如此結束了午餐。不管身體多麼健康的人，絕對不能處於這樣的絕食狀態。我知道你會如此的解釋：『我的老婆可能是不餓吧……同時，她也是能夠照顧自己的成年人……』

「然而，事實並不如你想像那樣。尊夫人老是做一些像嬰兒才會做的事情。基於我倆的友情，我方才如此的告訴你。你倆都得多耗費一些時間在飲食方面。

「我要再一次的叮嚀你倆，絕對不要在吃飯時閱讀書本，或者談論物理方面的問題……」比爾的朋友——位醫生如此的忠告。

但是，比爾跟瑪莉並沒有聽這一位醫生的忠告。

在那一棟羅門街的小屋裡，有著就要問世的鐳，但是除了這一點之外，居禮夫婦什麼也不在乎。

有一次，比爾曾經對瑪莉說，應該埋首於鐳特性的研究，而應該放棄發現它本來面目的努力，但是，瑪莉一直不理他。

瑪莉已經逐漸的接近目標。她放棄了在戶外熬煮礦石殘渣的工作，開始從那些殘渣裡面，選擇一些能夠在室內保管的東西。這些東西乃是鐳的濃縮物。

為了使那些東西更為純粹起見，非得擁有精密的器具，以及能夠舉行精密實驗，沒有灰塵，濕氣，以及不冷不熱的實驗室才行。

很遺憾的，瑪莉並沒有這一類的房間。瑪莉的房間充滿了灰塵，夏熱而冬寒，冷風會刮進去，時常破壞差一點就成功的研究，使她必須從頭再來。不過，瑪莉擁有一顆不折不撓的心。

那是一九〇二年。自從瑪莉發表可能有鐳存在之後，已經過了三年九個月。瑪莉終於征服了這種放射線所具有的不可思議的東西。

她在那種礦石的殘渣裡面發現了星星，也就是發現了鐳。瑪莉取出了〇•一公克的鐳。它有著重量，有著二二六的原子量。對於這一次的發現，科學家感到非常的敬佩。

那一天的晚上，瑪莉跟比爾正在家裡休息。伊蕾娜睡在床上。這個四歲的女暴君閉上了眼睛，使瑪莉能夠回到比爾身邊。那時，瑪莉正想縫女暴君的衣裳呢！因為，伊蕾娜的衣裳都是瑪莉縫製的。

突然間，瑪莉放下手中的針線說：

「再去看一次吧！」

比爾立刻站立了起來。其實，只在兩個小時前，他倆才離開了鐳，但是，不知怎麼搞的？突然又想看看它，彷彿它是剛生下來不久的嬰兒，他倆非常的想看看他。

他倆對居禮老先生說一聲到外面散步一會兒，然後，手挽著手走過熱鬧的街市，再穿過老舊的工廠市街，回到了羅門路的小屋。

「比爾，你不要點燈。你記得嗎？你曾經說過，希望鐳具有耀眼的顏色。」

瑪莉如此的說。

在黑暗的小屋裡面，鐳具有一種比顏色更為漂亮的東西。因為，它有著非常耀眼的

光芒！

「比爾，你瞧瞧！」

瑪莉摸索著，走到椅子的地方，坐下來瞧瞧四周後，再小聲的說。

在黑暗的房間裡面，彷彿是在水上跳躍的月光一般，小小的光點正在閃閃發光！

那些光點沈靜不下來，顯得非常的活躍。不僅是桌子上面，甚至棚架上面也出現了神秘的光點。

藏匿於小小玻璃容器裡面的鐳終於顯現它的面目，在黑暗中發出光芒。

# 第十三章　非賣品

整個世界都沸騰了起來！人們原來就希望對種種的東西改變想法，如今，這種想法已經進入了人們每天的生活裡面。如今，不僅是科學家在談論科學，連孩子們也在放學途中談論著有關鐳的事情。

女性們大聲歡呼了起來！

因為，女性也發現了新的東西。在這以前，所謂的偉大發明都由男性的手來完成，在很長的一段時間裡面，男人對女性感到失望，想不到女人也有揚眉吐氣的一天！

不過在剛開始時，人們做夢也料想不到鐳是那麼漂亮的東西。

詢問新發現的信件，從英國、丹麥、德國以及奧地利，恰有如雪片一般的飛來。所有的科學家們都紛紛研究鐳，再發現了它另外的特性，以及性質相似的物質。

英國的科學家拉姆塞跟索第發現鐳會放出些微的瓦斯，終於知道那是氦。接句話說，鐳具有一種變成氮的能力。

這事情叫科學家嚇了一大跳！因為，他們一直在嘲笑中世紀的煉金師。科學家認為——那種描寫煉金師在神秘的洞窟中，煙塵樸樸地煉金的想像畫，只是在描寫遙不可及的夢而已。

在這以前，科學家都認為——物體有它本身的化學組成與原子。他們非得面對鐳能夠變成氦的事實不可！

因此，科學家認為——其他的物質或許也會變成另外的新物質。或許，鍊金師的幽魂正在嘲笑科學者吧？

總而言之，比起鐳必須進行的種種疑難的事情來，把鐵變成黃金已經不算是很稀奇的一件事情了。

例如，以鐳鹽來說，它跟一般的食鹽並沒有什麼不同，但是，它具有銅兩百倍的放射能。鐳所發出的放射線，除了鉛以外，可以透過任何的金屬。

鐳所發出的瓦斯看起來就像影子一般。

這種影子一般的瓦斯彷彿是活著似的，非常的活潑，就算把它封在玻璃管裡面，在一天之內，就會很自然的消失四分之一。

鐳本身也會發出熱氣。這種熱氣能夠在一小時內，溶化掉跟它相同重量的水。如果使它離開寒氣的話，它的溫度就會超過日中的溫度。

一旦把鐳放入玻璃瓶子裡面，它就會把玻璃變成紫色或者藤色。如果使用紙張包鐳的話，它就會腐蝕紙張。在黑暗處就算不點蠟燭，亦能夠藉著鐳發出的光輝看字讀書。

關於鐳這種東西，最值得大書特書的一件事情，乃是它並不會把它發出的光輝佔為已有，而會把它的光輝分享給它照耀到的所有物體。這種寬大的性質，有時，反而會帶來不怎麼理想的結果呢！

鐳對人類的世界也感到興趣，它能夠助長真正的鑽石光輝，但是並不理會假的鑽石。凡是購買鑽石的人，為了確定鑽石是否為真品起見，都使用鐳鑑定。

可憐的瑪莉，由於鐳會妨礙所有的實驗，以致叫她不知如何處理這個問題才好。凡是所有放置於鐳管旁邊的東西，無一不帶上放射能而閃閃發光。

鐳給予空氣、灰塵，瑪莉的衣服、器具、筆記簿等的東西發光性。尤其是那一些筆記簿，在瑪莉過世以後，仍然在發光。

或許，科學家為了能夠推翻自己的想法而感到快樂吧？是故，在鐳誕生的最初幾年，他們都感到非常的高興。這種不可思議的鐳，不僅自己會變成新的元素，同時，這種新的元素又會變成新的物質，而新的物質，又會變成另外的物質！

放射性元素形成了奇妙的親戚關係，而每一個，都是母體物質的變化所形成。

不過，科學家們的驚訝並非止於這些而已。他們還發現，各種的放射性元素在經過了一定時間以後，就會少掉一半。但是，時間相當的長，不必去擔心放射性元素會消失。就以鈾來說，必須經過幾十億年以後，方才會減少到一半。

至於鐳呢？必須經過一千六百年方才會減少到一半。但是，影子一般的瓦斯只要四天就會減少到一半，而影子的孩子們則只經過數秒鐘，就會減少一半。

乍看起來，鐳似乎處於靜態，但是，只要仔細的看著它們，就不難發現它會生下奇妙的孩子，或者彼此的殺戮、自殺，彼此的撞來撞去等等。

比爾為了加深研究，使用鐳燒自己的手。如此一來，手部的皮膚變成火紅色，但是，並沒有疼痛。隔了幾天後，皮膚變成更紅，到了第二十天，形成有如普通火傷一般的瘡痂，接著潰爛，到了第四十二天，傷口從邊緣開始痊癒。

瑪莉並沒有自動的去燒自己的手，但是也曾經被鐳燙傷。鐳放置於玻璃管內，玻璃管又放入錫製的箱子裡面，但是，她還是被燙傷了。

瑪莉跟比爾的朋友貝克利爾把鐳管放入上衣的口袋，帶回家裡時，竟然被燙傷！

「妳倆的孩子實在太可惡啦！因為，它竟然使我燙傷。我一向很喜歡鐳，如今，我卻有一些憎恨它！」貝克利爾如此的對瑪莉說。

就連瑪莉也對鐳有了些微的抱怨。因為，它曾經嚴重的傷到她的指尖，使皮膚剝落了下來。

可是在不久以後，人們就以寬大的眼光看著鐳所造成的燙傷。因為，傷口以及炎症痊癒得很好。

醫生們對鐳開始抱起了莫大的興趣。逢到皮膚有了嚴重病變時，使用鐳燒皮膚的話，不僅燙傷會很快的痊癒，而且，皮膚的疾病也會痊癒了起來。

正因為如此，世界各地的人對鐳抱起了很大的期望。也許，鐳也可以使用於燒除癌一般的東西呢！

總而言之，大家都知道鐳是一種很有益處的東西。以致有人想購買鐳。

瑪莉從八噸的瀝青鈾礦製造出一公克的鐳。它有七十五萬法郎的價值，但是它卻屬於非賣品。瑪莉計劃在她有生之年把鐳秘藏，把它當成偉大研究的貴重象徵，以及偉大業績的貴重象徵，而把它留置於研究室。

在某一個星期一，比爾跟瑪莉在凱利魯曼街的家裡時，郵務士送來一封寄給比爾的信件，該信件蓋著美國的郵戳。比爾在看過該信件後，把它摺好，放置於桌子上面。

「我要跟妳談談有關鐳的事情。它就要大規模的被製造了。美國的一家公司來信問及這一點。」

比爾慎重的對瑪莉說。

「那麼，你認為呢？」

瑪莉有些倦意的說。

「換句話說，我倆有選擇的餘地。我們可以把研究的結果，製造的方法等等，完全不隱藏，完全的公開出來……」

「那當然。」瑪莉微笑著說。

「或者……」比爾並不注意瑪莉已經插嘴之事，繼續的說：「我們是鐳一切知識的所有者。也可以說是發現者。既然如此的話，在公開發表從瀝青鈾礦取出鐳以前，可以取得專利，再向全世界的鐳製造業者收取授權費。」

恰有如比爾所說，從此以後，他倆可以取得莫大的財富。製造鐳的授權可取得充分的金錢，以便建立夠水準的實驗室，以及購買研究用的鐳。一旦發了財，他倆想做什麼事情都可以了。

瑪莉稍微思考以後，如此的說：

「我辦不到，因為那樣會違反科學的精神。」

對於瑪莉的這個意見，比爾也表示贊成。不過，他還是奉勸瑪莉仔細的考慮。因為一旦決定了以後，再也不能夠挽回了。

比爾一再提醒瑪莉他們很需要實驗室的事情，以及女兒的將來。瑪莉難道真的不想發財嗎？

瑪莉很清楚科學者自古以來就具有的偉大習慣。就連巴斯德也遵守這種習慣呢！

瑪莉如此的說：

「物理學者隨時都能夠公開發表自己的研究。就算我們的發現有金錢方面的價值吧！那也不過是偶然變成如此而已。我們不能把這種的偶然，當成賺錢的手段。鐳是用來幫助病人的。我絕對不用它來謀取利益。」

到此，比爾也同意瑪莉的說法。他也認為販賣有關鐳的知識，乃是違反科學的精神。在那一夜，比爾立刻寫信，一一地回答了美國市面所提出的問題。

就如此這般，在沒有一瞬的後悔之下，比爾與瑪莉永久地撇下百萬富翁的美夢。因為，他倆的鐳是非賣品。正因為他倆富於科學的精神，上天方才把鐳送給他倆，而他倆又把它送給了全世界。

縱然世界人類的精神逐漸的墮落，但是，瑪莉跟比爾仍然熱愛著科學的精神，因此，方才在沒有任何報酬之下，很大方的把他倆所有的知識送給了全世界的人。

原來，可以很輕易地選擇富有的比爾跟瑪莉，竟然選擇了貧窮。但是，他倆仍然一副悠然自得的樣子，雙雙騎著腳踏車進入夏季的森林裡面，摘了很多可以用來裝飾房間的鮮花。

# 第十四章　比爾去世了

瑪莉跟比爾一舉成名。法國政府頒給他倆好幾種的獎賞。英國政府送給他倆請柬。他倆為了友人的克爾文勛爵，特地帶了一小瓶的鐳踏上不列顛的土地。克爾文有如孩兒一般的手舞足踏，帶著鐳給科學家伙伴們瞧瞧。比爾在皇家學院演講，題目是「鐳」。瑪莉也破天荒獲准參加學會的集會，她也是參加該學會的第一位女性。

在這以前，似乎沒有比這一次更為動人心弦的演講。因為，比爾在一本正經，又富於知識的一群英國人面前，利用鐳變魔術給他們看的緣故。

皇家學院的人們，感覺到如醉似痴，全倫敦的人掀起了一陣騷動，為的是想瞧瞧鐳的發明者。

於是，倫敦人為他倆頻頻的召開晚餐會。貴族以及富豪們珠光寶氣地進入晚餐會場，他們不約而同地以訝異的眼光看著穿著樸實黑衣服的女科學者。

瑪莉的手因為時常接觸酸而顯得粗糙，而且，她從來就不曾戴著戒指。不過，她堅定的態度，充滿了靈氣的面孔，以及嚴肅的眼光，廣闊的蒼白色額頭，看起來一點也不比那些貴族以及富豪遜色。

瑪莉喜歡看看周圍豪華的氣氛。當她看到平常對一切都心不在焉的比爾，竟然被那種光景所動心時，稍微感到了意外。

「寶石那種東西，實在太玄妙啦！我做夢也想不到，世上竟然有如此動人的東西呢！」瑪莉有所感觸的說。

「在吃飯時，因為沒有什麼問題可想，所以我就計算著，如果我們擁有那麼多寶石的話，能夠蓋多少間的實驗室，能夠備齊多少的器具，藉此打發時間。」

比爾笑著如此的說。

的確！居禮夫婦與眾不同。他倆很熟悉能夠自己發出光輝的東西，但是，始終不曾使用能夠反射光線的東西來裝飾自己。

當皇家學院頒一面獎牌給瑪莉時，瑪莉跟比爾並不曉得如何的處置它。想來想去，比爾終於把它當成玩具送給伊蕾娜。想不到，伊蕾娜竟然非常的喜歡它。

當名聲，以及眾口稱讚的人們，以及新聞記者等，一波又一波地來臨時，他倆竟然手足無措了起來。瑪莉則感到煩惱不已。

一九〇三年十二月十日，瑪莉跟比爾獲得諾貝爾物理學獎的一半。其餘的一半則頒給了亨利・貝克勒（法國物理學家，一八五二～一九〇八年）。

以女性來說，瑪莉為榮獲這個獎的第一人。

雖然如此，瑪莉並沒有說出一句興奮的話。對於科學家伙伴們重估他倆的成就，以及有不少金錢可以利用這個事實，她確實感到很高興。

至於別人的稱讚、奉承、名聲，陌生人寄給她的祝賀信件，要求簽名，以及拍照，新聞記者的採訪等等，她不僅不感到高興，甚至相當的煩厭呢！

她如此的寫著──

「真想把自己埋入地下，以便獲得一時的寧靜。」

瑪莉很愉快的使用那些金錢。

看著她使用金錢的方式，就不難感覺到瑪莉的誠實與魅力。

瑪莉把一部分金錢存入銀行裡面。這以後，由於收入可以增加，瑪莉可以僱用實驗室的幫手。比爾可以辭掉物理化學學校的教職，可以充裕的擁有研究時間。

對於在波蘭設立療養所的多魯斯基夫妻，瑪莉捐了多額的金錢。瑪莉也贈送東西給比爾的哥哥，以及她自己的姊姊，並且捐款給科學協會。同時，也在經濟方面協助波蘭的學生，自己實驗室的助手，以及塞浦爾女子高等師範學校的學生。

瑪莉也想到昔日教導她的法國老師仍然滯留於波蘭。這一位老師抱持著很美，但是很難以實現的美夢——那就是回到祖國的法南希一趟。

瑪莉寫信給這一位老師，並且，同時送上旅費，在滯留於法國的時間裡，瑪莉招待這一位老師在自己家裡吃住。

為了這一件預料不到的好事，老師喜極而流淚。

最後，瑪莉也送自己一些東西。她在克魯曼大道的自宅建造近代化的浴室，在客廳貼了新的壁紙。

但是所謂的大眾也者，未免太愚笨了一些。他們並不想去收集金錢蓋研究室，使居禮夫婦能夠更進一步的研究鐳，反而浪費了瑪莉的時間。

瑪莉想要在不被打擾之下進入屋裡的話，必須跟那些好事者捉迷藏。

不僅如此而已，居禮夫婦不喜歡曝光的家庭內私事，甚至伊蕾娜對保母所說的話，以及瑪莉所飼養的貓兒毛色，一切的一切都被報導出來——

人們毫不客氣的打擾我們的閱讀與研究。我們的生活，徹底的被名譽，以及所謂的光榮所破壞了！

瑪莉如此的寫著，而這是她發出的肺腑之言。瑪莉很討厭被打擾，但是，她不時的受到大眾的打擾，以致幾乎就要病倒了。

有一天，居禮夫婦接受法國總統的晚宴時，一位婦人來到瑪莉身旁，問瑪莉是否可以把她介紹給希臘的國王？

「我想，沒有那種必要……」

瑪莉很溫和的回答。

不過，當瑪莉看到那位婦女驚訝的眼光時，方才察覺到她是埃米爾・魯貝總統夫人，以致瞠目結舌。

「那當然……那當然……就照妳的意思好了。」

瑪莉滿臉通紅，結結巴巴地回答。

對一般人來說，謁見國王一事乃是天大的喜事，但是，瑪莉並不認為如此。

瑪莉感覺到很疲倦，但是，她仍然年輕。她只想爽朗、自由、幸福的過日子，因此很想休息。她只是想當普通的妻子，以及普通的母親。

瑪莉希望伊蕾娜的百日咳不必拖那麼久，很快的痊癒起來，同時，她也很擔心比爾會過度的疲勞而病倒。

自從二十年前，在波蘭鄉下跳過舞以來，瑪莉的人生除了研究以外，什麼東西也沒有。如今，她很想忘懷自己是有名的居禮夫人，很想再恢復到以前的瑪妮雅，盡情的採取草莓，吃著草莓，忘掉所有的惱人之事。

不過，比爾卻急著想回到工作崗位。

那時，比爾跟瑪莉必須做的事情，有如一座山似的多。因此，比爾不理解瑪莉要求休假的心情。他認為那只是純真少女的想法，並非科學者應有的想法。比爾對瑪莉說，他倆必須為科學奉獻一生。瑪莉也聽從比爾的這一句話。

瑪莉一向都聽從比爾的話，但是，現在的瑪莉感覺到心身俱疲。正因為感覺到疲憊萬分，她甚至不想要不久後將生出來的嬰兒——艾芙呢！

「這個孩子必須活在這種苛酷的世界裡，未免太可憐啦！」

瑪莉自言自語的說。

受到了一連串工作以及人們的包圍、糾纏，使瑪莉喪失了往昔的天真、爽朗，以及勇氣。

艾芙的出生，對瑪莉來說，乃是一件好事。

瑪莉一向很喜歡剛生下來的嬰兒，而且，由於受到艾芙的恩賜，她好不容易獲得一個月的休假。

艾芙有著一頭黑髮，以及一雙藍眼睛，跟金髮而有著淡茶色眼睛的伊蕾娜迥然不同。而且，艾芙並不安靜的睡在搖籃裡面，始終很健康的在自我主張。

瑪莉並不像一般母親那樣，任由嬰兒去哭叫，而是嬰兒一哭叫就抱著他，一直到他睡著為止，可說是一位很溫柔的母親。

瑪莉在生下艾芙以前，索爾本大學賦給她奇怪的特權，准許她在比爾的實驗室舉行研究。

其實，在好久以前，瑪莉就在這間實驗室舉行研究。想不到，大學當局察覺到這一件事情，於是，給瑪莉兩千四百法郎的年薪，任命她為居禮教授下的物理學實驗主任。

事實上，居禮夫婦一直在一起工作，關於這一件事情，大家在好久以前就知道了。想不到，大學當局到最近方才承認了這一件事情。

瑪莉跟比爾不管在思想方面，工作方面都非常的配合一致，彷彿是一個人一般。

一九〇五年六月，比爾跟瑪莉前往美麗的城市——斯德哥爾摩。

在那兒，比爾必須以兩人的名義，展開接受諾貝爾獎的紀念演講。比爾形容瑞典乃是由少許乾燥土地所包圍，由湖泊及海灣所形成的美麗國家。在這個國家裡，比爾跟瑪莉允分的享受到寧靜沒有吵雜的生活，以及瑞典國民充滿了體恤的友情。

不過，瑪莉有時也會意外的交到朋友。意外的一位朋友是美國的舞孃。這位舞孃為了使自己的舞蹈更為迷人，總是使用別開生面的燈光。

這一位舞孃寫信詢問瑪莉，為了使蝴蝶的翅膀亮閃閃，應該如何的使用鐳才好？比爾跟瑪莉對這種問法感到莫大的興趣，於是，立刻著手書寫回信，很有耐心的對舞孃說明奇妙的鐳之特性。

這位舞孃在接到信件後表示，答謝居禮夫婦的方法只有一種，那就是拜訪他倆的家，再跳舞給他倆瞧瞧。

居禮夫婦很高興的接受了這種答謝的方式。

到了那一天，居禮夫婦家的大門前，出現了一位有如嬰兒般藍眼睛的美國舞孃，以及一隊電氣技師。技師們工作了一整天，到了黃昏時，居禮家的餐廳已經變成了童話的王國。

那位美國舞孃的羅依小姐，一下子化身為火焰，又變成花兒、鳥兒，甚至魔術師，翩翩起舞。

這一位嬌小的舞孃，變成了居禮夫人最好的朋友，介紹了她的朋友——偉大雕刻家，以及舞蹈家坐在鑄型、大理石之間，歡談到黃昏。

不久後，一九〇六年的四月來到人間。法國四月暖和的陽光照著修布魯斯山谷間，以及竹籬間的紫色、白色的三色菫。瑪莉跟比爾帶著伊蕾娜、艾芙，在那兒度過兩、三天的假期。

到了月落黃昏時，他們向農家購買了一些鮮奶。小小的艾芙在乾燥列貨車車輪後面，腳步不穩的行走，惹得大夥兒都笑了出來。

翌日清晨，比爾跟瑪莉騎著腳踏車進入森林裡面摘花兒。他倆重臨新婚時的森林裡面的池塘。可惜池水已經乾涸，再也沒有睡蓮的蹤影。

但是，開著黃花的金雀兒卻圍繞著濕泥的周圍。瑪莉跟比爾踽踽的朝著家的方向走著，沿路摘著堤邊兩側的紫羅蘭，以及青色的藤蔓的小春花。

另外一天的正午時分，居禮夫婦享受著美好的日光浴，微微地在打盹，彷彿是在夢境似的。

伊蕾娜持著綠的捕蟲網，到處追逐蝴蝶兒，一旦捕到了蝴蝶兒就雞貓子般尖叫了起來，或者嘻嘻地歡笑。

「瑪莉，我跟妳度過的人生最快樂。」比爾對著瑪莉喃喃地說著。

待吃過了晚餐以後，比爾搭前往巴黎的火車，又回到工作崗位。他隨身攜帶著在池畔摘到的金蓮花。其他的家庭成員也在翌日回到了巴黎。

接著，四月仍舊帶來雨水，而且，天氣變成很寒冷。

一九〇六年四月十九日，瑪莉跟孩子們回到了家。因為下了一連串的雨，道路變成泥濘不堪，走在上面很容易滑倒，天空一直陰霾不放晴。

比爾有一些事情必須跟人家談談。瑪莉也必須整理休假之後不曾打掃的房間。同時，還必需上街辦一些事情，瑪莉很忙碌的到處走來走去。一直到了黃昏的六點鐘，她方才回到大門口的階梯前面。

瑪莉很高興回到了家，她很想盡快的會見比爾，再一塊從事科學方面的研究工作。瑪莉在計劃，今夜就開始進入實驗室工作。

瑪莉在很高興的心情之下，打開了客廳的門。如此一來，三個男人有如看到了女王一般，慌慌張張的站立了起來，他們的眼光充滿了同情。其中的一人是瑪莉往昔的老師——保羅・阿貝爾。

原來，比爾在路上滑倒後，一輛重型貨車的輪子輾過了他的頭部！

「什麼？比爾死啦？……？他真的死了嗎？」瑪莉如此的說。

艾芙長大之後，在撰寫她母親的傳記時，她說——

「瑪莉說出了『比爾死了』這一句話的瞬間，孤獨與隱密的面紗就籠罩了瑪莉，從這個四月十九日起，瑪莉就變成了永遠孤獨的人。」

# 第十五章　不管發生什麼事情

瑪莉與生俱來就有很大的勇氣。在這以前的一段日子裡，她也憑著這一份勇氣活著，但是，她的這份與生俱來的勇氣越來越強大，不管發生什麼事情都不能挫她的勇氣。

而且，瑪莉打從內心裡，鍾愛著一位偉大的人物。這一位偉大的人物就是比爾。雖然比爾已經不在這個人世，但是，他生前所說的話，還牢牢地刻在瑪莉的心板上面。

有一天，瑪莉跟比爾談及死亡時，比爾如此的說：

「不管發生任何的事情，不管我倆之間的任何一個人死去，餘下來的那一個人仍舊要繼續的研究，那也就是另外一個人的義務。」

正因為如此，瑪莉非繼續研究下去不可。

當大學要發給瑪莉一筆撫恤金時，瑪莉毫不思索的就婉拒，因為，她認為自己還年輕，還足以養活自己以及孩子們的緣故。

瑪莉為了撫慰自己起見，想到一種與眾不同的方法。這種方法，使我們更感覺到瑪莉的多情。原來，她彷彿跟比爾交談一般書寫著日記。

我親愛的比爾，大夥兒都叫我從事你的工作。他們叫我擔任你的課程，以及管理你的實驗室。我稍考慮以後就接受了。我也不知道這種的做法是對？或者不對？你在有生的日子裡時常鼓勵我到索爾本大學講課。至少，我會繼續的從事你的研究。

有時，我認爲——這是活下去的最簡單的方法。有時，我也會認爲自己太愚蠢，爲何老是在想這一件事情。

一九〇六年五月七日——我的比爾。我無時無刻都在思念你。我的腦海裡塞滿了你的形象。我實在不能理解，我必須在沒有你陪伴之下活下去，以及再也不能對親愛的伴侶展露笑臉。

在這短短的兩天之內，樹木都長出了翠嫩的新葉。庭園一片璀燦。今兒早晨，我瞧到庭園裡面的孩兒時，嚇了一大跳！如果你也在場的話，你一定會感覺到孩兒變成很標緻。

我在想——如果你仍然在這個人世的話，你一定會叫我過去瞧瞧長了嫩芽的水仙，以及蔓藤長春花。

五月十四——比爾，過去你在索爾本大學擔當物理學課程，如今，我已經被任命講解。想不到，有一些笨瓜竟然爲此而恭賀我呢！

在這以前，並沒有任何的女性具有在索爾本大學授課的榮譽。換句話說，不管是任何的課目，從來就沒有過成為主任教授的女性。

但是以法國來說，沒有任何的男性能夠繼承比爾的工作。在這種情形之下，大學當局自然就想到了瑪莉。以現在的科學者來說，唯有瑪莉具有那種天分。瑪莉立下決心，自己的講解絕對不能遜色於比爾的講解，因此把孩子們送到鄉下，自己則留在巴黎，用心的研究比爾的講解題目，以及比爾的筆記簿。

到了現在，瑪莉需要另外一棟房子。因此，她搬到比爾墳墓所在地的索爾居住。

當瑪莉搬到那一棟小小的房子時，孩子們的爺爺認為瑪莉已經不想跟他一塊居住，因此，感覺到坐立不安。可是，他又不敢針對這一件事情問瑪莉，他想——自己是永遠開不了口的。

無獨有偶地，瑪莉也認為——比爾既然已經死了，比爾的爸爸可能不想跟她一塊居住，以致同樣的感覺到坐立不安，到頭來，還是老人先開了口。

「比爾既然已經死了，瑪莉……妳也不必跟我這個糟老頭一塊居住了。我可以跟長男一塊居住，妳就針對這個問題下決定吧！」

「還是爸爸來下決定吧！如果您離開我的話，我一定會感到非常的悲哀。爸爸……還是由您來決定吧……」瑪莉小聲的說。

「如果由我來決定的話，瑪莉……我希望永遠跟妳居住在一起。」

孩子的爺爺充滿了眷戀的說。

「爸爸，這是我求之不得的一件事情呢！那麼，就這樣決定了。」

不過，瑪莉並不能居住在家裡太久。隔了一小段時間之後，瑪莉就必須離開大夥兒撫慰她創傷的家，以未亡人的身分，到千萬人掀起興奮浪潮的外面世界露臉。

瑪莉閱讀報紙後得知，索爾本大學更改了長年來的規則，聘請最初的女性教授——瑪莉到該大學的講堂講學。瑪莉很高興知道世界上最保守的學府之一的索魯潘奴大學改變了規則，同時她也聽到了風言風語，說是準備前往聽取她授課的社交界人士，正在熱烈的猜測，瑪莉將以何種方式，教授她丈夫的課程，以及如何的評論他。

依照索爾本大學的傳統作風，不管是何種的新任者都會讚揚前任者一番。到了瑪莉講課的那一天，群眾虎視眈眈的看著瑪莉。等待著她說出叫人感動的言詞，或甚至幸災樂禍的等待著——瑪莉會在中途出糗。

那兒是小小的階梯或教室，但是，頓時變成人山人海，真正在那兒讀書的學生受到排擠，甚至被趕了出去。

瑪莉在一陣震耳欲聾的拍手聲中走進去。待拍手聲平靜下來時，瑪莉就緊接著比爾的最後講義，很流暢的講授起了高等物理學。

「一想起在過去十年間，日新月異進步的物理學，以及我們對電氣以及物質方面的觀念之變化，實在叫人感到非常的驚訝。」

聽眾非常的驚訝。

但是，他們並非驚訝於有關電氣及物質的觀念之改變。原來，這些聽眾只是存著看熱鬧的心理前來。但是，他們看到的這位婦人，並不很在乎自己的外表，只一心一意在研究學術。他們已經察覺到自己面對的是非常誠實的一個人物。

聽眾在感動之餘，眼眶裡閃動著淚光。

瑪莉針對著電氣的構造，原子的崩潰，放射性物質的新理論侃侃而談。她有如面對

著一群學生授課一般，時間一到，就有如她進入講堂時一般，悄悄的從講堂走出去。

在這以前，瑪莉的工作稱不上很勞累，但是，這以後就逐漸的叫她勞心勞力了。她必須考慮到小女兒們的教育方針，又得在實驗室裡埋首於工作，到索爾本大學授課。

另一方面，瑪莉又得照料家裡的事情，以及照料庭園的花草。瑪莉一直想建造紀念比爾的實驗室，也就是比爾一直在夢想的完美實驗室。

艾芙跟伊蕾娜在索爾的新家，陪著藍眼睛的爺爺遊玩。爺爺教伊蕾娜植物學、博物學以及詩詞，伊蕾娜負責整理花圃，幫助爺爺種植草花。艾芙跟著她寵物的小烏龜在草坪上玩耍，再捉弄小黑貓以及虎斑貓。

每天，瑪莉都得在天亮不久後，快步的走到火車站，搭乘前往巴黎的班車，一直到傍晚才回到索爾的家。兩個女孩兒很少能夠看到母親，但是，瑪莉卻要計劃女兒們的每天生活。

每天早晨，瑪莉的兩個女孩兒必須讀書一個小時，伊蕾娜喜歡計算，艾芙則喜歡音樂。用功了一個小時以後，不管是在任何天氣之下，兩個姊妹都必須到野外散步，接著，又要上體育學校。

除了這些功課之外，她倆還得學習烹飪、縫紉，以及園藝。逢到週末以及假日時，不是跟母親騎腳踏車外出，就是到河邊游泳。

瑪莉打算把兩個女兒培育成剛強而不懼怕任何事情的人。因此，瑪莉訓練女兒不害怕黑暗、事故，教她們爬山、騎馬，以及愛護一般的動物。

瑪莉認為她的兩個女兒必須長成勇敢、大膽的法國人。瑪莉雖然也教她的女兒波蘭語，但是，她希望女兒不會遭遇到自己經驗過的不幸——像她一般屬於兩國的國民，而且，其中之一，正是遭受到迫害之國的國民。

瑪莉唯一不編入女兒教育的一個項目，也就是歡迎陌生的人，以及在派對上出風頭的方法。關於這一件事情，她倆不曾受到任何的訓練。

瑪莉不喜歡女兒們過度的用功。可是以法國的學校來說，授業的時間很長久，有時在學校上完了六個小時的課以後，還得做三個小時的家庭作業。瑪莉跟大學的朋友提起了這一件事情，於是，教授們就決定自己教自己的孩子。這實在是叫人感到愜意的一件事情。這些運氣好的孩子們，每天只接受一科的授業。而且，這種授業又由巴黎最偉大的專家們所擔任。

在最初的一個早晨，孩子們到索爾本大學的實驗室，由強貝蘭教授化學的課程。

「這些孩子們所舉行的實驗，還不曾炸掉索爾本大學，不過，我們並沒有失去所有的期望。」巴黎的報紙如此的報導著。

翌日，孩子們到郊外，由保羅・南丘潘教授教學，再過一天又到雕刻家馬克爾那兒，學習雕刻，到了另外的日子，又學習外國文與文學。到了星期四下午，又到物理化學的學校，由瑪莉・居禮夫人教授物理。這些孩子們實在很幸運。

在不曾有過柔和授業的莊嚴場所，孩子們把浸過墨水的腳踏車承軸，扔在有斜坡的白色木板上面，觀察落下物體所描出的曲線。

瑪莉曾經如此惡作劇般的問孩子們：

「為了不使鍋裡液體的熱氣消失起見，應該如何著手才好呢？」

「我會使用呢絨把鍋子包裹起來。」

一個孩子如此的回答。

「我索性不去管它。」

另外的一個孩子說。

「如果是我的話，我會覆上蓋子。」

瑪莉笑著說。

很遺憾的，瑪莉為了賺取家族的生活費用，不得不忙碌的工作。當然也就無對有進己的孩子展開富於魅力的授業。於是，這種方式的授業被中止，伊蕾娜跟艾芙不得不進入授業時間並不太久的學校。

日後，她倆都異口同聲的說，這種在孩童時代受到的特別教育，使她愛上了讀書，對金錢方面並不關心，以及養成了自立心，以致能夠排除任何的困難。

在實驗室裡面，瑪莉在眾多新的勝利中，又獲得了一項很大的勝利。在這以前，瑪莉只製造出了鐳跟其他金屬化合物的鐳鹽。不過在一個偶然的時機之下，瑪莉跟安德烈很成功地製造出了純的鐳金屬。

雖然只成功地製造出了一次，而且在這以後，不但他倆不曾再製造出來，就是別人也不曾再製造出來。

一九一一年，瑪莉又獲得諾貝爾獎。瑪莉也是兩次獲得諾貝爾獎的第一個人。那時，全世界的人都以瑪莉這個科學家感到驕傲，同時也很溫和的對待這個背負著悲哀的婦人。但是，仍舊有一些人看不得別人的成功，或者聽到了叫人感動的事情以後，往往會以殘酷的行為對待人。

瑪莉長得標緻，也算是成功的人。於是，有一些人以匿名的方式寫信給瑪莉。對瑪莉製造一些謊言，嚴重的中傷她。瑪莉的朋友一直想保護她，但是跟暗藏中的敵人戰鬥，乃是一件非常困難的事情。

朋友們都認為保護瑪莉最好的方法，乃是科學學會召集瑪莉為會員，再頒給她公眾的名譽。這是瑪莉受之無愧的一件事情，但是在這以前，沒有任何女性成為科學學會的會員。

那些撒謊、中傷瑪莉的人，為了阻擾選舉，什麼事情都幹了出來。他們甚至給瑪莉視力有毛病的友人假的投票用紙。使人以為那一位友人在反對瑪莉似的。

正因為如此，以一票之差，科學學會拒絕瑪莉入會，使她蒙上了永遠的不名譽。

因為，受到了那些謊言之累，瑪莉陷入了極大的不幸。在那一段時間之內，她為了逃開敵人的視線起見，甚至借用了姊姊的名字。瑪莉有如大白天的光明正大，但是，由於受到了躲在黑暗裡的人們攻擊，終於病倒。

到了這種處境，甚至瑪莉固有的勇氣也受挫。不過，瑪莉並非完全喪失了勇氣，但是，她的疾病很嚴重，又叫她感到痛苦。

外科醫生告訴瑪莉。只要開刀就可以消除痛苦，不過，瑪莉要求醫生等到下次物理學會召開完時才開刀。原來，瑪莉的勇氣並沒有完全的消失。

這以後，又在罹病中發生了一件事情，使瑪莉必須下重大的決心。瑪莉因為太疲倦，並不想考慮得太多。但是，波蘭政府決定在華沙蓋一所研究放射能的豪華實驗室，並且，由瑪莉負責管理。

瑪莉很想接受邀請，因為，這是一種非常動人的邀請。瑪莉也知道波蘭正需要她，祖國的士氣逐漸的在受挫，以及祖國為了再度持有自信起見，急需要一些什麼？

當然，在相當久以前，瑪莉就感覺到自己雖然深愛著波蘭，但她卻更愛著比爾。即使在比爾已經過世的今日，瑪妮仍然愛著比爾。在瑪莉的內心裡，波蘭跟比爾正朝著完全相反的方向拉她。如果瑪莉要把自己奉獻給波蘭的話，她就不能達成興建比爾實驗室的願望了。

如果瑪莉不在法國的話，比爾的夢絕對不能實現。瑪莉在十分悲痛之下，拒絕回去波蘭。

可是，波蘭政府卻說，只要瑪莉從遠方指導這一座新實驗室就行，而且，一定要瑪莉參加那座新建築物的落成典禮。

瑪莉在訪問波蘭之間，發生了幾件很感人的事情。

第一，瑪莉使用波蘭語展開有關科學方面的演講。使用祖國的語言展開科學方面的演講，乃是她生涯第一次的大事。

第二，她又參加了昔日最初展開物理實驗的地方——農工業博物館盛大的典禮。第三，在波蘭婦女舉辦的歌頌瑪莉的派對裡，她發現了小學時的校長。瑪莉急快的走入人群裡，到老婦人的校長那兒，親吻了校長的面頰。

瑪莉好不容易獲得了休假。她揹著背包，帶著伊蕾娜、艾芙攀登瑞士的山巒，並且告訴她倆冰河的正確渡法。

母女三個人之間增加了一位朋友。這位友人跟瑪莉非常熱心的在談論有關物理的事情，使得兩個女孩兒擔心掉進冰河的人並非她倆，而是那一位友人。

她倆很十分驚訝的聽那一位友人對母親所說的話，於是忘記了誰會掉進冰河的裂縫裡而大笑了起來。

「我說居禮夫人。我急著想知道的一件事情，不外是電梯降下真空中時，乘搭它的人會發生什麼事情。」

兩個女孩兒聽到那位友人如此的說。

關於這一個疑問，艾芙跟伊蕾娜可以很簡單的答覆，正因為如此，她倆感覺到非常的可笑。

她倆做夢也想不到，自己正在聽所謂的「相對性理論」。因為，這一位友人正是偉大的愛因斯坦博士。

那時，瑪莉又再度感到幸福。

因為，比爾鐳研究所的牆壁已經逐漸形成比爾•居禮街道。巴斯茲爾研究所所長的路博士從兩年前起，就為了居禮夫人提議展開募捐。以致，索爾本大學認為巴斯茲爾研究所想奪走居禮夫人。

為了防止這種大事件發生，索爾本大學同意協助巴斯茲爾研究所建設新的實驗室。

瑪莉滿懷的欣喜。她幫忙描繪設計圖，跟建築家談及房間與窗戶的形狀。瑪莉主張盡量的把窗戶開大，裝設更多的電燈。

在建築物的工事被展開以前，瑪莉親自造了庭園，種植一些樹木以及玫瑰，以便建築物完成時，那些樹木以及花兒能夠成為觀賞的對象。

一九一四年七月，瑪莉在入口處的石頭上面，看到了如下的幾個字——

〈鐳研究所・居禮館〉

在那時，瑪莉想起了巴斯茲爾所說過的話——

「如果，你們認為征服萬物對人類有益處的話，或者，想到你的國家在這方面盡了重要任務的話，那麼，我希望你對所謂神聖的實驗室感到興趣。

「同時，也應該要求這種神聖殿堂的增加。因為，那不僅是未來的殿堂，也是真正富裕以及幸福的殿堂。人類是否能夠變成偉大、強壯、善良，唯有這種殿堂是賴。

「只有在那兒，人類方能夠學習閱讀自然的作品。那也是意味著進步與全世界和平的作品。另一方面，人類本身的作品總是充滿了野蠻以及破壞性……」

瑪莉望著一九一四年七月完成的比爾．居禮鐳研究所時，想出了巴斯茲爾所說的話，她自己也有著同感。

雖然這棟建築物已經被完成，但是整整拖延了四年之後，也就是打完了第一次世界大戰之後，瑪莉方才在鐳研究所進行真正的研究，藉此實現了比爾的夢。

# 第十六章　第一次世界大戰

## 一九一四年

八月一日

給親愛的伊蕾娜與艾芙

狀況好似越來越壞。我很擔心政府隨時都會發出動員令。我也不知道自己是否能回家。不過，妳倆務必要冷靜並且拿出勇氣。如果不發生戰爭的話，星期一我就會回去。萬一發生戰爭的話，我就會留在此地，並且派人去接妳們。我說伊蕾娜啊，我倆必須勇敢起來。

八月二日

動員了，德軍在沒有宣戰布告之下侵入法國。在一段時期之內，通信必定會受到阻礙。除了對前往戰線參加作戰的男人感到悲傷之外，巴黎還算平靜。

八月六日

而勇敢的比利時，並不允許德軍在未交鋒之下，平靜的通過該國。每一個法國人都希望，不管在如何的痛苦之下，比利時都能夠在最後打勝戰。

波蘭被德軍佔領了。當德軍退出波蘭後，祖國到底會留下什麼東西呢？現在根本就得不到家族的訊息。

瑪莉對於在布列塔尼休假的女兒們寫這些信。瑪莉一個人孤零零的在巴黎。除了一個罹患心臟病不能參加戰鬥的同事以外，同事們都參加了這一場戰爭。瑪莉時常生病，以致，身體變得很孱弱。不過，她並沒有時間想到這一件事情，以及自己將發生大異變的事實。

瑪莉並不像其他的婦人一般志願當護士。她很迅速而仔細的考慮，自己到底能夠做些什麼事情？

那時，不管是前線以及後方的醫院都沒有X光線的設備。也就是說，外科醫生缺乏透視傷口深處砲彈破片的魔術般的裝置。X光線並非瑪莉的專門科目。只是，她對X光線有興趣，聽過兩、三次有關它的講解而已。

不過，這並不成為問題。瑪莉想快速的組織X光線的治療班。她列出了巴黎中X光線裝置的目錄，再把它們分配到醫院。

接下來的工作就是，集合能夠使用那種裝置的科學者，再把他們分配妥當。就如此這般，巴黎完成了準備。

但是，利用救護車從前線運搬回來，再送到野戰醫院的幾千傷兵，又將變成如何呢？

瑪莉為了搶時間，要求法國婦女聯盟援助費用，以便製造最初的X光線汽車。那是使用引擎發電的，具有X光線用電氣裝置的普通汽車。

這個移動性的X光線班，從被破壞的馬魯奴地方的醫院，到另外的好幾家醫院，迅速的診察受傷的人們，再使他們平安的接受開刀，就如此救活了很多的人。

不過，在馬魯奴的戰鬥以前，德軍正在距離巴黎數公里的地方戰鬥。德軍會獲得勝利嗎？德軍會佔領巴黎嗎？瑪莉將何去何從？這時，瑪莉的孩子還停留於布列塔尼。

瑪莉應該到她孩子的地方嗎？當救護班從巴黎撤退時，瑪莉是否也應該一起撤退呢？瑪莉在內心裡下了決定，不管發生什麼事情，她仍然會留在巴黎。

瑪莉如此的說：「只要我繼續奮鬥下去的話，德軍當不致於搶奪比爾•居禮研究所這棟新的建築物。反過來說，如果人員都走光的話，到時，恐怕連任何東西都不會留下來了。」

天生不怕任何事情的瑪莉，只想到了「逃跑」兩個字，就會感覺到渾身不舒服。她認為最可怕的一件事情，莫過於幫助敵人。

瑪莉不能讓敵人品嚐到踏入比爾•居禮研究所的歡欣。不過，就算瑪莉不離開巴黎，那一公克貴重的鐳也必須被搬移到別的地方。

而且，也只有瑪莉一個人能夠保護這一些鐳。

瑪莉穿著一件黑色的防塵外套，再把睡衣塞入旅行箱裡面，帶著一個沈重的鉛盒，搭乘開往波爾多的火車。她坐在擁擠的火車木椅上面，再把裝著鐳的箱子放置於腳邊，然後，看著九月初燃燒似的太陽之下，一連串的汽車及運貨馬車在趕路。

到了遙遠西海岸的波爾多，瑪莉把鉛盒放置於她的腳下，在月台站了好幾個小時。

這個盒子由婦女搬起來，實在太沈重了一些，但因為它是貴重物品，因此絕對不能把它放棄。

瑪莉看不到任何的車站運搬工人，也看不到計程車，更找不到過夜的地方。瑪莉認為自己可能要一整夜站在月台上面而苦笑了起來。幸虧有一個男人救了她。他為瑪莉找到過夜的地方，並且，幫著瑪莉把鐳寄存於銀行。

翌日上午，瑪莉回到巴黎。

在前夜，混雜於成千上萬難民堆裡的瑪莉一點也不顯眼，但是，到了翌日的早晨，卻有一大堆群眾集攏過來。以好奇的眼光瞧著想回到巴黎的她。想回到巴黎的瑪莉告訴那些群眾，巴黎完全沒有危險，巴黎絕對不會淪陷。

那時的瑪莉感覺到非常的飢餓，因為從昨天夜晚到現在，她不曾再吃任何的東西。

而且，瑪莉所搭乘的軍用列車，慢吞吞的前進，前後好幾次在平原的中心停止下來。當親切的兵士從雜糧囊中取出一片麵包給瑪莉時，她感到非常的高興。

當瑪莉抵達美麗而危險逼近的巴黎時，獲得了一道令人興奮的消息，原來，德軍在馬魯奴河被阻擋下來。

瑪莉很快的趕到國民救助會的本部，想想自己應該再做些什麼事情。

「居禮夫人，妳躺下來休息吧。妳太勞累啦！」——會長阿貝爾如此的說。

瑪莉聽從會長的吩咐躺下來休息。她所以如此的做，只不過是要恢復她的疲勞，以便跟會長談論她以後的工作而已。

「居禮夫人蒼白著一張臉孔，睜大兩個眼睛，看起來就像火焰一般。」

會長阿貝爾如此的說。

瑪莉是在布列塔尼的兩個女兒之母親，但是對法國的兵士們來說，她更是X光線汽車的母親。她隨著這種汽車到戰場運搬負傷的人們。因此，這種X光線汽車也被稱之為「小居禮」。

瑪莉在實驗室裡面，為這種所謂的「小居禮」裝置X光設備。瑪莉從作威作福的官員手中搾取了必要的東西。在以前很內向的瑪莉，只要是為了「小居禮」，她就不害怕任何的人。她從某些人取得通行證，又從另外的人獲得通行於前線的口令，以及護照。

瑪莉從富豪那兒取得金錢，從親切的人取得良好的汽車。瑪莉對這些人說：

「我一定會把拜借的東西還給您。待戰爭結束後，那些東西仍然完好如初的話，我必定會還給你們。」

瑪莉並不使用乘客用汽車，而喜歡使用貨物汽車之類的大型雷諾車，就如此展開了在戶外的冒險生活。

瑪莉在巴黎的房間，電話鈴在響個不停。

原本，負傷兵的大護送隊需要X光線班。瑪莉走到因戰爭而被塗抹成灰色，漆上巨大紅十字的汽車旁邊，很小心的點檢器具，當駕駛兵在灌滿汽油時，她穿上附有紅十字臂章的黑色上衣，戴上柔軟而褪色的帽子，再提起那個陳舊的黃色皮包，坐在駕駛兵的位置。

那一輛陳舊的汽車發出了「渾身解數」，以全速度向前衝。不管刮風下雨，白天或者黑夜，這一輛汽車始終不點燈，在激烈戰火中的亞米安、伊布爾，以及貝爾丹橫衝直闖。

前後被步哨叫停了好幾次，經過一陣詢問後，瑪莉好不容易找到了醫院。

到達以後，居禮夫人迅速的找好了自己要使用的房間，再運搬好幾口箱子。在她組合各種裝置之間，其他的人趕緊拉著電線，使汽車的發電機與裝置連接在一起。駕駛手發動發電機，瑪莉調節電流。接著，把保護用手套、眼鏡、特製的鉛筆，以及確定金屬位置的鉛製鐵絲，放置於各自的所定位置，再使用布簾，如果沒有布簾的話，則使用床單等使房間變成黑暗。

在這一段時間裡，隔房已經被準備為照片用的暗房。

在瑪莉到達還不到三十分鐘之內，包括外科醫生的準備已經完成。繼而，形成了傷兵長長的行列，傷兵接二連三的被運進來。瑪莉動用裝置，外科醫生注意看著散亂在骨骼與器官間的槍彈，或者砲彈的破片。

有時，為了這以後的大手術起見，助手會根據外科醫生的口述記錄破片或者槍彈所在的位置。有時，外科醫生會當場展開手術。外科醫生一面手術，一面可以看到小鉗子進入傷口裡面，避開有骨骼的部分，夾起了榴彈的破片。

有時，手術需要幾個小時，甚至幾天。可是只要有傷兵，瑪莉就會關閉於暗室裡面。瑪莉在離開那一家醫院以前，計劃在那兒設置常設的X光線室。想不到，僅僅在幾天以後，她就帶來了新裝置，以及X光線技師。

就如此這般，瑪莉只憑著她一個人，在各處的醫院設立兩百以上的X光線裝置，同時，還不知道從何處帶來X光線技師。並且，製造了二十輛的X光線汽車。

瑪莉就憑此治療了一百萬名以上的傷兵。以一位女性來說，這是一項很偉大的工作。當然，就是男性也做不到！

每次，瑪莉驅車到醫療現場時，並非每一次都只坐在駕駛兵的旁邊避開風雨。有時，在開車通過充滿各種破片的道路時，只要爆胎不在兩次以上，她就會謝天謝地。

在第一次大戰那幾年最大的特徵是——雨水特別多，天氣寒冷異常。瑪莉就在這種惡劣的天氣下，使用被鐳燒傷的手指，趴伏在泥濘的地面更換車胎。對於她並不熟悉的氣化器，瑪莉以科學者的認真表情，憑著科學者的眼光清除污穢。

有時，由於男性都參加了戰爭，沒有人手運搬沈重的東西，是故，瑪莉只好親自運搬沈重的箱子，充當一名運搬工人。

有一次，瑪莉感到非常的惱怒。由於駕駛手轉彎太猛，汽車掉入水溝裡面。瑪莉被一些紛紛掉下來的箱子埋在下面。瑪莉並不在乎她自己，她只擔心精巧的器具是否會被震壞。不過，當那一名駕駛兵想看看瑪莉到底變成如何？而圍繞著汽車跑步，並大叫：

「居禮夫人，妳死啦？」時，瑪莉在箱子下面笑出聲音來。

瑪莉時常忘懷吃早飯或者晚飯。同時，她隨時隨地都可以睡覺。逢到有床鋪，她就睡在床鋪上面，沒有床鋪，只有滿天星星的話，她就在星空下面睡覺。

瑪莉在年輕時吃過很多苦楚，因此，她很自然的把自己當成大戰爭裡的一名兵士。不過，那些兵士的工作並非瑪莉的所有工作。只要稍微有一些時間，瑪莉就會把巴黎古老實驗室的器具類裝入箱子裡面，帶到比爾・居禮研究所的新實驗室。到了實驗室以後，她就會打開箱子，逐漸的把嶄新的科學之家整頓起來。

接下來，瑪莉到波爾多帶回一公克的鐳，每天再把鐳所排出的瓦斯放入管子裡面，送到各醫院使用。

隨著X光線的工作增多，X光線技師的需要量也大增，於是，瑪莉就決定在新的鐳研究所培養技師。其中有一些比較遲鈍，難以學會的人員。

但是，瑪莉憑著她無限的忍耐力與同情心，並且不時的鼓舞他們，終於使他們能夠勝任這種工作。

關於技師的養成方面，已經十四歲的伊蕾娜開始協助瑪莉。那時，伊蕾娜在索爾本大學攻讀放射線學。但是，居禮夫人並不認為伊蕾娜太年輕，而叫她也在軍方醫院工作。居禮夫人及伊蕾娜在三年之間養成了一百五十名X光線的護士。

瑪莉認為如此還不夠，因此訪問了比利時的醫院。有時，在沒有人認識瑪莉的醫院裡，做著護士工作的上流社會婦人，眼看著瑪莉寒酸的衣著，往往把她當成清潔婦呢！

關於這件事情，瑪莉一點也不在乎。因為，每當她想起了在奧克斯達多醫院，跟她和睦而敬業地工作的一名護士，以及一名沈默而勇敢的兵士，她就會感覺到暖烘烘的，內心充滿了安慰。他倆就是比利時的伊莉莎白女王以及亞爾貝爾親王。

瑪莉本身一向很大方，傷兵們對這一點最感覺到魅力，因此，這點也就變成了他們心靈上最大的支撐。對於無知而感到害怕的農家子弟們，瑪莉對他們很耐心的說明，X光線奇妙的器具就跟照相機一樣，絕對不會傷害人。

瑪莉從來就沒有發過牢騷。她始終不曾說過自己很疲倦。對於掉落在她身邊的砲彈，她一點也不表示驚訝。瑪莉做這種救護的工作，就彷彿自己應該做的事情一般，每天都不懈不怠的繼續著。

話雖然如此，瑪莉很熱切的希望和平到來。她希望這種殘酷的戰爭能早日結束。

一九一八年十一月十一月，報告大戰結束的大砲聲使實驗室的瑪莉嚇了一大跳！不管是對瑪莉，或者全世界的人們來說，這是最為幸福的日子。研究所的人員為了參加這一場歡樂起見，派瑪莉跟助手克萊蘭小姐到街頭購買旗幟。但是不管到巴黎的任何地方都買不到法南希的國旗。

在這種情形之下，瑪莉跟克萊蘭小姐只好使用三色布接縫成法南希的國旗。

接著，瑪莉開著老舊的一部雷諾汽車，進入道路中一群狂熱的群眾裡面。瑪莉因為欣喜異常，並不在乎汽車的擋泥板以及車頂坐著十多個人。

對於這以後，接連來臨的一連串喜悅，又有誰能夠預先知道呢？

從恐怖的境地中獲得自由者，並非只有法南希而已，還有波蘭。波蘭終於獲得自由，獨立了。瑪莉如此的寫信給她的哥哥——

對於生下來就是奴隸：在搖籃中就被鐵鏈鎖起來的我們，終於看到了我們國家的復活。

# 第十七章　在我的家中

瑪莉又回到塞納河岸的巨大的古老公寓居住。塞納河在巴黎中心部形成兩個島嶼。其中的一個呈為船形，號稱為西帝島。這裡是巴黎最古老的地方，有著很多陳舊、漂亮的著名建築物。

另外的一個島嶼叫做聖路易島。此地的建築物也非常的老舊，比起西帝島來，更為閑靜。瑪莉就居住於這個島的貝傑奴河岸。大約在二世紀以前，這條面臨貝傑奴的街道居住著公爵以及宮延的紳士。

瑪莉的公寓有很多的走廊及階梯，整體顯得很寬敞。公寓的房間都很大，又寬廣，天花板很高。瑪莉不曾學過賺大錢的方法，更不曾學過如何使自己的居住環境更舒適。

在擦拭得非常光滑的地板上面，毫不造作的擺著兩、三組桃花心木製成的家具。

在空盪，幾乎沒有任何家具的室內，瑪莉跟伊蕾娜在發抖。因為，天氣實在非常的寒冷。艾芙為了盡量使自己的房間居住起來舒服，老是在支出她的零用錢。

其實，有一房間相當的標緻。那也就是瑪莉的書齋。裡面擺著古雅的書櫥，比爾的照片，花瓶裡面插著鮮花。

每一個房間的採光都很好，室內相當的明亮。那是因為窗戶都很高，又沒有窗簾的緣故。正因為如此，可以看到著名畫家描繪一般的景色。像河裡穿梭的小舟，華麗而看起來重甸的遊覽船，在陽光下閃耀的塞納河，遠處的聖母院尖塔等，都能盡收眼底。

瑪莉就是愛上了這分靜謐，方才選擇了這個島嶼。事實上，家裡卻是充滿了噪音，關於這一點，瑪莉似乎不太介意。

艾芙一連好幾個鐘頭在練鋼琴，貓兒們在走廊跑來跑去，不斷的製造噪音。大門口的電鈴、電話鈴聲響徹空盪的屋裡。河裡的拖船不時的發出汽笛聲。

到了每天的上午八點鐘，瑪莉健康而急促的腳步聲，就會通知伊蕾娜與艾芙忙碌的一天又開始了。

在這以後的十六年之內，一直都過著這種的生活方式。到了八點四十五分，將響出三次汽車的喇叭聲，告訴瑪莉小汽車正在大門口等她。

瑪莉會匆匆地抓著帽子以及外套，飛快步下階梯。因為，她不忍心司機等她三分鐘以上。

最初，瑪莉請研究所的雜務人員為她開車，但是在不久後，她就僱用了專用的司機。如此一來，最初的那一位司機因為再也不能為瑪莉開車，以致長吁短嘆起來。

載著瑪莉的車子渡過多魯尼橋，橫過熱鬧的河岸，朝著卡爾傑拉丹的方向急馳。在往昔，有很多爽朗的學生們在那兒過著貧困與幸福的生活，如今，卻林立著偉大的研究所以及學校。

瑪莉抵達比爾・居禮街的鐳研究所入口時，大門的客廳有很多人在等待，瑪莉稱此為「評議會」。僅管種種部門的學生們，都對來客們表示——請你們別打擾居禮夫人，但是，他們仍然會在瑪莉開始工作時，群集在門口逮住她。

那些人不是有特別的質問，就是帶著某種東西拜託瑪莉看看。也有一些人希望瑪莉為他們解決問題。瑪莉時常如此的說：

「我說XX先生，你的方法行不通吧！現在，我再舉出別種的方法供你做參考。」

瑪莉一個接一個地解決困難的問題，想不到，人們又帶來一個接一個的艱深問題，以致，人群越來越多。

瑪莉一點也不在乎學生們要問她什麼問題，只是——有時候，人們以不正確的法語或者英語提出問題，使得問題越來越複雜化。

這個研究所不僅使用所有歐洲國家的語言，甚至也使用東方的語言，以致，變成了有如巴貝爾塔（舊約聖經中的話。表示「言語的混亂」）。

瑪莉提起了一位使用英語說話的中國留學生。因為，那位學生的禮儀很端正，是故，當他發覺瑪莉說錯話時，始終不吭氣。正因為如此，瑪莉為了察知學生內心的無言抗辯，必須多耗費一些腦筋。

在東方學生的面前，瑪莉往往會對自己的疏忽感覺到羞恥。她曾經如此的說：

「那些東方人的禮儀比我們更為端正。」

在這一間客廳的授業，有時會拖得非常之長。逢到這種場合，瑪莉應該是坐在椅子上面，但是，由於那兒並沒有椅子，以致，瑪莉不得不坐在階梯上面。當我們想到瑪莉坐在個子高的學生腳邊，也就是坐在階梯最正面一段時，必定會感到相當的好笑。

瑪莉為這個研究所的所長，她操著五種語言閱讀有關鐳的文獻。時到如今，她仍然想利用種種的新技術，驅使魔術一般的途徑研究。正因為如此，學生們能夠全面的信賴瑪莉的指導。瑪莉很大膽，但是一向慎重。

一個接一個地，學生們為了舉行各自的特別實驗，離開了瑪莉。其中有一些學生為了給瑪莉看某些東西，往往會帶走瑪莉。待所有的事情都解決殆盡，瑪莉就會回到自己的實驗室，著手於自己的研究工作。

到了正午，瑪莉將步行回家跟女兒一塊吃中餐。即使在這個時候，她仍然會跟伊蕾娜談論及有關物理方面的事情。

母親以及姊姊在傾談時，艾芙往往會萌出一種被孤立的感覺。不過，當她聽著母親跟姊姊談及BB質數或者BB平方（以法語來說，所謂的「質數」者具有「第一」的意義，而「平方」也者具有「四角」的意義）時，由於法語的（BB）也者，其發音跟「嬰兒」相同，是故，她感到非常的不可思議——最初的嬰兒跟四甬形的嬰兒，到底是什麼東西？

到了一九二六年，伊蕾娜跟一名聰明年輕的科學家結婚，他的名字就叫喬利奧。

到了這個時期，艾芙方才能夠獨佔著母親。

「艾芙，妳告訴我，如今，世界正發生什麼事情？」

瑪莉如此的問小女兒。

於是，艾芙把什麼事情都告訴母親。因為母親對任何事情都感到興趣，尤其是對單純的孩兒事情感到興趣盎然。

瑪莉最喜歡問艾芙，她騎腳踏車的速度有多快？而當伊蕾娜的嬰兒開始說話時，瑪莉又時常問艾芙，那嬰兒說了什麼話？以及大家對新國粹主義者的看法。

瑪莉偶爾聽到有人讚揚獨裁者時，就會如此的說：

「我曾經在被壓制之下生活。但是，你並沒有這種的經驗。你並沒有感受到在自由國家生活的幸福。」

逢到有人支持政府處死反叛者的權利時，瑪莉就會如此的說：

「不管是對什麼目的有幫助，我都不會同意把有名的化學家——拉波阿傑送上斷頭台。」

到了吃午飯時，車子就會到現場迎接瑪莉。在絕大多數的場合裡，瑪莉會到花市購買一些平凡的庭園草花，或者野生的花卉。因為，她並不喜歡漂亮的溫室花卉。

有時，瑪莉也到盧森堡公園會會重要的人物——就是伊蕾娜的女兒。一直到醫學年會召開的下午為止，她都會跟孫女兒玩爛泥。

以醫學年會來說，瑪莉是唯一的女性會員。她的身旁老坐著巴斯茲爾的弟子，也就是好友的魯博士。

開完了會議後，瑪莉就會回到實驗室，通常工作到吃晚餐的時間為止。有時為了實驗的關係。往往會工作到翌日的兩點鐘。

Sibel

有時，這種嚴肅的場所，將由於慶祝取得理學博士的學生，或者召開茶會而被搞亂。逢到那種場合，實驗用的杯子將充當茶杯，玻璃棒將替代湯匙，而派對通常在瑪莉祝賀新博士時收場。

在這一種派對中，瑪莉最感到高興的是，慶祝伊蕾娜以及喬利奧獲得博士學位的那一次。

到了一九三四年，這對夫婦有了偉大的新發現。這也就是人工放射能的發現。他倆使用鐳放射線照射鋁以及其他的物質，再把鉛等改變成新的放射性物質。科學者們都認為製造跟鐳具有相同作用的物質來臨了。如果真是如此的話，那就太好啦！夾著庭園，那一座鐳研究所對面的建築物，乃是研究居禮療法，也就是研究癌症治療的地方。

鐳是非常必要的東西，但是，也是非常稀少的東西。

接著來了很多的信件。凡是受到重視的人都會接到很多的信件。

所幸，秘書為瑪莉打開了好幾千封的信件。其中有很多索取簽名，但是，並非每一個人都能夠獲得瑪莉的簽名。還有一些詢問莫名其妙問題的信件，廣告業者寄來的信件，以及要求捐款的信件。可是，在這一大堆的信件裡面，總是有一些信件必須由瑪莉親自回信。

而且，瑪莉還必須到學校授課。關於這件事情，瑪莉感覺到非常的厭煩。在星期一與星期三這兩天，從黎明到黃昏的這一段時間之內，瑪莉感覺到坐立不安，彷彿就要生病似的。

那是一個階梯式的教室，每次必須對三十名學生授課。那時的瑪莉眼睛有著失明之虞。醫生對她說，到能夠接受手術的兩、三年以前，很可能要處於眼睛幾乎看不到的狀態。這一件事情，對瑪莉到底意味著什麼呢？醫生很可能沒有想到。

瑪莉很想繼續的研究。但是，她並不喜歡接受別人的同情。瑪莉不要讓別人知道有關她眼睛的事情。

艾芙創造了一個虛構的人物——凱萊夫人，以便向眼科醫生要了一副眼鏡。逢到必須修改學生的論文時，瑪莉叫學生把論文帶到她面前，再巧妙的質問學生，使他回答。如此，瑪莉就知道學生寫了一些什麼？

瑪莉為了掩蓋自己的不幸之故，講求了所有的手段。正因為如此，感覺到瑪莉有著異樣的人，總是裝成不知道的模樣，這才是真正所謂的親切。

眼睛在開過了四次刀以後，瑪莉必須再一度訓練自己的視力。雖然如此，她的眼睛再也無法發揮以前的功能，但是，她的勇氣仍然未受挫。她想盡辦法，想使眼睛恢復以前的功能。

在某一個夜晚，吃過晚飯之後，艾芙必須出去一趟。渾身感覺到疲倦的瑪莉躺在沙發上面，看著女兒更衣。

「我說艾芙啊，妳的腳踝好可怕！我實在不想看到，妳好像跨著竹馬走路。

「咦？那種露背的新流行太難看啦！如果是前面露出一些還無可厚非，怎麼有露出一大片背部的衣服呢！不過，這一件衣服很美。妳轉一次身，讓我瞧瞧妳有多漂亮。」

接著，瑪莉以驚訝的眼光看著女兒。

「以我個人的想法來說，我並不反對塗抹臉部。因為在每一個時代女人都是如此。在古代的埃及，女人的面孔塗抹得更厚。不過，我還是要說一句話。妳為何要塗抹嘴唇，而且，又要描眉毛呢？」

「母親，這樣才會使女人看起來漂亮呀！」

「什麼？漂亮？妳給我聽著，趕明兒早晨，在妳塗抹臉孔以前，我要到妳睡覺的地方吻妳。」

待艾芙出去以後，瑪莉就坐在掛肘椅子上面閱讀短詩，以及兩、三頁她喜愛的小說，但是，始終不曾持續一個小時以上。

接著，地板就變成了瑪莉的國土，一大片地板上排滿了物理的文獻，瑪莉一直到兩點鐘為止，都在解那些問題。

待艾芙回來時，瑪莉因為太熱中於工作，幾乎沒有察覺到女兒的回來。就好像往昔時常在學校做的一般，艾芙一直看著母親小聲地發出波蘭語計算問題。

# 第十八章　走到國外

一九二〇年的五月。那是陽光普照而燠熱的日子。巴黎的七葉樹花盛開。瑪莉有如平常一般從事研究。想不到，有一件事情正想打擾瑪莉的工作。而且，那是瑪莉想像不到的可怕的事情。

在這以前，瑪莉從未會見新聞記者，更沒有碰過婦女記者。

瑪莉不喜歡被採訪，更不喜歡出名。逢到陌生人想拜訪她時，她就會默默的遞給對方一張印刷過的小卡片，上面寫著：

「很遺憾，居禮夫人不在……」

做到這種地步，她已經顧全到禮節。而且，她會很徹底的拒絕。

那些居住於美國，且有愛爾蘭裔名字的人們當中，有一些很善於辭令，一個叫美洛妮的夫人就是很明顯的例子。

她如此的寫信給瑪莉——

我的父親是一名醫生，他時常掛在嘴邊的一句話是——人類也者並沒啥了不起。不過，妳對我來說，乃是這二十年來最偉大的人物。只要兩、三分鐘就行，讓我看看妳。

這一句話就等於在說，「一隻小貓咪能夠拜見女王嗎？」

想不到，瑪莉放棄了自己的主義，說了一聲「好的」。

美洛妮夫人在那個五月的某一個早晨，靜坐在瑪莉的小客廳等待。

美洛妮夫人如此的形容當時的事情——

客廳的門被打開。一位我從來不曾看過的，有著陰暗表情，蒼白色面孔，寂靜的婦人走了進來。她穿著木棉布的衣服。她的一張堅忍而溫和的面孔，浮現過度用功者慣有的空虛表情。

在那一霎那，我感覺到自己有如多管閒事的侵入者一般，以致：變成比居禮夫人更顯得坐立不安。我雖然當了二十年的採訪記者，但是，我卻一句也無法質問這一位毫無防備，穿著黑色木棉衣的婦人。

倒是瑪莉提起了有關美國以及鐳的話，使這位記者感覺到輕鬆。瑪莉提起她在美國擁有五十公克的鐳。並且，正確地指出了那一個市鎮有幾公克，那一個大城又有幾公克等等。

「那麼，在法國又有多少呢？」美洛妮夫人問。

「我的研究所大約有一公克多一點。」

「什麼？妳只有一公克多一點？」

「妳是說我自己嗎？我自己可是連一丁點也沒有呢！那一公克是屬於我的研究所之物。」

接著，美洛妮夫人談起了有關專利方面的事情。美洛妮夫人提起，使用瑪莉鐳製造法的人們，將付給瑪莉很多的金錢。

「鐳並非製造財富的東西，它是一種元素，因此，它屬於所有的人。」瑪莉如此的回答。

那時，美洛妮夫人很可能認為——瑪莉既然給世界如此美好的東西，世界也應該贈送瑪莉禮物，因此她如此的說：

「如果妳要從世界選擇自己最喜歡的東西的話，妳會選擇什麼呢？」

瑪莉稍微猶豫一下後，如此的回答：

「我最想要的東西，乃是一公克的鐳，以便繼續的從事研究。不過，我沒有能力購買它。對我來說，它太貴了。」

那時，美洛妮夫人就認為美國應該贈送瑪莉一公克的鐳。於是，她回到了美國後，立刻說服十位富家的夫人，由她們每一位捐出一萬美元。但是，只有其中的三個人成全了美洛妮夫人的願望。在這種情形之下，美洛妮夫人只好離開少數的富人，走進眾多的窮人裡面。

為了贈送瑪莉一份禮物，全美國的婦人必須聯合起來活動。在不到一年之內，美洛妮夫人就寫信給瑪莉——

金錢已經收齊了，妳發現的鐳，乃是屬於妳的東西。

為了募捐這一件事情，整個美國都興奮了起來。女孩兒以及婦女們在聽到「居禮夫人的鐳基金」時，每一個人都想瞧瞧居禮夫人。

不過，瑪莉卻不喜歡群眾。本來她並不想到美國，但是她從來就不曾獲得如此美好的禮物。

話雖然如此的說，但是，瑪莉仍然搬出了種種的理由。而且，她又捨不得離開兩個女兒。不過關於這一件事情，對親切的美國人來說並不成為問題。

美國人也招待居禮夫人的兩個女兒，並且由總統親自把鐳交給瑪莉。

於是，瑪莉、伊蕾娜以及艾芙把她們的衣服塞入一個旅行箱裡面，住進奧林匹克號最豪華的客艙裡面。因為，美國人叮嚀她們如此的做。

法國當局也為瑪莉在歌劇院召開盛大的送別會。那時，偉大的女演員莎拉‧貝兒娜，以及聞名的演員——金東尼父子都上台演出。

唯獨有大西洋對科學並不表示敬意。大海一直在發脾氣，又黑暗，又掀起浪濤。那時，瑪莉很懷念祖國的太陽照射下的寧靜藍海。

當奧林匹克號抵達港口時，一起旅行的美洛妮夫人到船艙把瑪莉帶出來，讓她瞧瞧美國人真心歡迎她的場面。除非經驗過這種歡迎形式的人，否則的話，根本就不可能理解那種暖烘烘的誠意。

那一大群人為了迎接他們號稱為「人類的恩人」，整整在那兒等待了五個小時。

那時正逢夏季，在好多白色摩天樓聳立的上面，蔓延著一大片連綿的晴空。

港口到處飄盪著波蘭、法國以及美國的旗幟。女學生、女童軍，以及旅美的波蘭女性代表約三百人，手裡拿著紅白兩色的玫瑰在揮動。瑪莉就好像乖孩子一般，坐在甲板上的掛肘椅子上面。

另一方面，美洛妮夫人則帶著瑪莉的帽子與手提包，讓瑪莉為攝影記者們擺姿勢。

「居禮夫人，請妳把頭部朝右一些。」

「對不起，居禮夫人，請妳看看此地。」

美國人為了歡迎居禮夫人，好像瘋狂了一般。美國人或許已經拿定決心，欲通知世界科學家是最偉大的人物吧？

瑪莉的信念——對科學的愛，不求富有的心，為世界奉獻自己，深深的感動了美國人。美國人用心的去想讚美瑪莉的言詞以及話兒。每一個地方的美國人都想歡迎瑪莉，但是，他們卻忘懷了自己國家的幅員廣闊。他們召開了能夠容納五百個人的派對，忘懷了長時間的談笑，最能夠讓人感到疲倦。

到了美國以後，瑪莉獲得了好幾袋具有榮譽的稱號。那時，瑪莉忘懷了在本國她一向拒絕的那些東西。當美國人邀請瑪莉出席大學的典禮時，發現她沒有長袍以及帽子，以致感覺到非常的驚訝。

美國人也送給瑪莉特別栽培的花兒，忘記了她比較喜歡野生的花兒。所謂的愛也者，時常以那種的形態出現。瑪莉雖然感到非常的疲倦，但是，她很理解美國人的心。

只有一點讓瑪莉忍受不住，那就是美國人特別為她縫製的一件豪華的大外套。他們誤以為瑪莉喜歡穿絲綢的衣服呢！瑪莉之所以忍受不住，乃是絲綢刺激了瑪莉被鐳所傷的手指。

瑪莉開始訪問各處的大學。無論她到那一家大學，穿著白衣服的少女們就會在道路旁砌起人牆，或者一大群一大群的橫過校庭，朝向瑪莉奔跑過來。

那種白色的集體上面總是飄盪著種種的旗幟。有一次，在紐約的大集合裡，女大學生在瑪莉面前排成長長的行列，向瑪莉敬禮，再依次的獻給瑪莉法國的百合花，以及美國的玫瑰。

在各國大使以及各國偉人們的集合中，瑪莉被贈予紐約的市鑰。在瑪莉以後，被贈予市鑰的人，乃是在好久以前，奮鬥著想成為鋼琴家，瑪莉拍手激勵他的巴德利夫斯基。

接著，鐳贈予典禮的偉大日子來臨了。

華盛頓的白宮為了這一次的典禮，充分的做了準備。除了合眾國的大總統以外，還有很多美國的偉人為了迎接瑪莉而集合在一起。

不過，主角的鐳並不在現場。因為把它放置於桌子上面，由總統去接觸它乃是很危險的一件事情，同時，它又是很貴重的東西的緣故。

正因為如此，鐳被放置於很安全的工廠，而現場只放置著代用品。在這一次典禮中，車邊的桌子上面一直放置著鉛製的一個小盒子，裡面裝著假的鐳管。

到了四點鐘，雙重的門扉被打開，一隊行列進來。瑪莉的手由哈丁總統挽著。

在那時的演說中，哈丁總統提起瑪莉不僅是偉大的科學家，更是一名奉獻自己的好妻子，以及好母親。瑪莉不但每天做著男人的工作，而且也盡著女性的義務。

演說完畢，總統把書寫於羊皮紙的目錄贈送給瑪莉，再把鐳盒子的黃金鑰匙佩戴於瑪莉的脖子上面。

在那一間漆成青色的房間裡，瑪莉趁著客人走過自己的前面，以及跟伊蕾娜、艾芙握手時，坐在椅子上面休憩，因為，她實在是太疲倦了。

或許，你認為瑪莉就如此獲得一公克的鐳了吧？事實上並非如此。在舉行典禮的前一夜，當美洛妮夫人讓瑪莉看贈物的證書時，已經到了半夜。瑪莉主張帶來律師，辦好法律方面的手續，以便把那一公克的鐳贈送給她的研究所。

關於這點，美洛妮夫人提議下一周再辦吧！

聽到這一句話時，瑪莉立刻叫起來說：

「那怎麼可以？今夜，我可能會死掉呢！」

於是，從那一晚起，瑪莉的這一份鐳，與連同放置於研究所的那一份，歸為研究所的所有物。

除了上述的種種地方，還有幾處瑪莉必須訪問的地方。美國人因為使瑪莉感到疲倦，以致感到後悔，從此以後，他們想盡辦法以避免瑪莉的疲勞。

有時，為了避開群眾，美國人使瑪莉在預定的前一站下車。但是，興奮過度的群眾一旦知道了這件事情，為了想迎接瑪莉起見，往往會造成堵車的現象。有時，必須跳到相反方向的鐵軌上，越過鐵軌走路。

在這種狀態之下，幾乎沒有任何休息的機會。有時，伊蕾娜與艾芙替代母親接受歡迎。在這種狀況之下，就算正經八百的教授對著十六歲的艾芙說，瑪莉的「偉大發現」，或者瑪莉「勞碌的一生」時，也沒有人會發笑。

可是，波蘭人在芝加哥歡迎瑪莉時，瑪莉卻親自參加，因為對那些波蘭人來說，瑪莉就等於他們遠離的故鄉之象徵的緣故。同時，瑪莉的勝利也就是波蘭人的勝利。不管是男人或者女人，臉上都沾滿了歡喜的淚痕。有些人想吻瑪莉的腳，以及瑪莉的衣襟。

六月末，瑪莉又踏上歸國之旅。

鐳很慎重的被放置於奧林匹克號的金庫裡面，使用複雜的鎖被鎖了起來。不過，瑪莉在信函裡面所書寫的，並非是有關於鐳的事情，而是為了波蘭以及法國，她想爭取更多美國人的友情。

美國歡迎瑪莉的程度，使她痛感到自己是這個世界如何重要的人物。她也恍然大悟，只要自己的名字一出頭，或者自己稍微出席，即可協助自己所照顧的東西，以及自己所愛的東西。

想到了這一點，瑪莉更勤於旅行，更勤於參加各地所舉行的典禮以及儀式。

就如此這般，瑪莉的芳名逐漸的為世界各國所知，她也依次的拜訪了南美洲、西班牙、英國以及捷克。就連她沒有光臨過的中國也在孔子廟裡面，裝飾著瑪莉的照片，使她跟釋迦與中國皇帝像並列在一起。

在很多次的旅行中，瑪莉看過了很多有趣的事情。例如——魚兒從水中跳出，在空中飛舞，使自己影子消失的赤道也讓她感到興趣盎然。同時，她也喜歡在陌生的土地看到新的野花，以及讓她感到懷念的草花。

不過，瑪莉並非只為了看看稀奇的東西而旅行。有時，她也為了某種欲奮鬥的目的而旅行。有如所有對人類有所貢獻的人們一般，瑪莉也厭惡戰爭。在戰爭期間內，她為了保衛自己的國家，很高興的做著兵士所喜歡的工作。但是在和平時，為了防止將來發生任何的戰爭，瑪莉很想貢獻自己的力量。

瑪莉不喜歡加入種種的團體，因為那會剝奪她從事研究的時間，不過卻有一個例外。那就是，她接受國際聯盟理事會的推薦而被任命為某一個協會的委員。

那一個協會以找出不同國家的人一起工作的方法為目的，號稱為「智慧方面彼此協力的國際委員會」。瑪莉並非只為了發表言論而參加那個團體。

為了配合協會的目的，她開始工作。其中的一項工作是——使全世界研究科學的人們使用相同的科學用語，同時，列出科學專門書以及科學方面發現的完整目錄。

因為，只要做到這種的地步，世界的所有研究者就可以知道，何種的研究已經在被這些研究者如何進行了。

接下來，對於任何國家太窮困而不能施展才能的科學天才，瑪莉也計畫展開協助。

因為，她認為浪費天才乃是一件最為可惜的事情。

為了使自由、和平，以及科學創造出更為繁榮的世界起見，瑪莉拋開一切，盡力的協助。

巴黎的鐳研究所進行得很順利，因此，瑪莉也想在華沙建立鐳研究所。

回到波蘭的瑪莉姊姊布洛妮雅展開了那種運動。

不久後，整個波蘭充斥著標語牌，每一個地方的郵局都出售印著瑪莉肖像的郵票，明信片上面印著，「為了建立現莉・居禮的研究所起見，大家都來購買一塊磚頭吧！」並且附有瑪莉的筆跡「我最為渴望的一件事情，乃是在華沙蓋一棟研究所。」

一九二五年，瑪莉為了該研究所的開基典禮而抵達華沙。波蘭共和國的總統放置了第一塊的磚頭，瑪莉則放置了第二塊的磚頭。

那時，波蘭總統笑著說：

「我窮困潦倒時，妳曾經借給我旅行用的枕頭。關於這一件事情你還記得嗎？」

「嗯……，我記得。我也記得總統不曾把那個枕頭還給我。」瑪莉笑著回答。

瑪莉也記得，在舞台上面讚揚她的著名演員，也就是往日，瑪莉為他戴上草花冠的哥達爾賓斯基。

不過，鐳研究所沒有鐳的事情，實在是很不可思議的一件事情。為此，美洛妮夫人又得說服合眾國一次，要求送一公克的鐳給瑪莉。

為此，瑪莉又再一度到紐約。瑪莉這一次到紐約，乃是要代表波蘭人民向美國人道謝。瑪莉滯留於白宮的期間內，看到眾多不同大小的象玩偶被當成擺設品時，感到非常的高興。

在回國之際，白宮送給她兩個象牙製的小型象玩偶。原來，象是那時執政的共和黨的象徵。

拿著鐳跟象玩偶回到華沙的瑪莉，發現研究所已經在從事醫療病人的工作。

有如往昔年幼時一般，瑪莉在維斯茲拉河畔徘徊。關於這一件事情，她如此的寫信給艾芙——

河流很寬廣，大幅度的曲折蜿蜒，近處爲灰色，遠處彷彿天空似的藍色。美麗的沙洲到處可見，它們都在太陽光照耀下閃閃的發光。

在沙洲的邊緣有著更爲閃耀的光線，表示那兒的水很深。我很想在這種充滿了光線的岸邊徘徊。

……歌頌這一條河流的詞兒有如下的一段——「對於這一條波蘭的河流，只要一度喜歡它，就會讓人永遠的愛它。它就擁有如此不可思議的魅力。這一條偉大的河川，一向擁有深刻而難以言宣的魅力。」

# 第十九章　最後的歲月

布列塔尼有如此的一個地方，那就是——粉紅色的花崗岩斷崖以及岩石，向著藍吊色而澄清的海面凸出。無數島嶼的暗礁，一直防著大西洋的狂濤怒波衝進來。岩石間的凹入處有一個不成為村莊的集落，排滿了一群漁夫的小屋。在那兒，布列塔尼的賣魚女，為了防止風吹日晒，戴著白麻布的帽子，走來走去。

在荒地的上面，也就是在海風的通道，有一棟燈台似的建築物，那也就是瑪莉小小的別墅。

它只是不小又寒酸的小屋而已，但是能見度非常的良好。在此地而言，瑪莉只是一個平凡不過的人而已。此地的「國王」為一個駝背的矮個兒老人。他的眼鏡後面有著一雙笑咪咪的眼睛。

由美國常春藤、野生的覆盆子，以及千日草之類的植物，從屋頂一直覆蓋到地面的低矮小屋，也正是這個老人的「宮殿」。這座宮殿建築於果樹園裡面，因此被稱之為達

西蘭・畢安。以布列塔尼話來說，乃是「小果樹園」的意思。

這座「宮殿」的入口處，除開吹刮東風的日子，老是被打開著。

這一位年老「國王」的臣子們——瑪莉、伊蕾娜、艾芙、菲德里克＝喬利奧、孩兒們、化學家以及作家們，愛這一位老人的人們，都來拜訪這一位老人。

誰也不曾想到這一位老人就是博學的歷史學者之一的謝魯魯・西寧波斯。原來是西寧波斯發現了這一片地方。每年一到了夏季，巴黎的一些博學者都會來此度假。

每天早晨，瑪莉都會穿著舊衣裙，戴著麻編成的帽子，再加上一件當地人都穿著的黑布夾克，從她居住的地方走出來，最後走到通往開滿花朵的達西蘭庭園的山坡路。

「早安！居禮夫人。」西寧波斯會如此的說。

如此一來，穿著像吉普賽人，躺臥在草上或者花上的十五、六個人都會跟著說一聲「早安」。

瑪莉取下背包，就坐在背包旁邊。就好像任何地方都能夠看到一般，此地也有嚴格的社會階級差別。不過，這跟一般村落的階級差別並不一樣。

以這個集落來說，最下層階級的人稱之為「俗物」。如此被稱呼的人並非這個集落的人，而是外地來的人。高一級的人被稱之為「大象」，瑪莉認識不少這一個階級的人。這些人通常為新來的水手，大部份的時間在海上生活。這一類人頗獲得同情，但是，他們也逐漸的在進步。

再上一級者為當地有名望的人，一向被稱之為水手。更上一級為值得尊敬的高貴之「鱷魚」。只要是關於海上的技術方面，這些人都無一不曉。不僅懂得游水，而且，還能夠在激烈的潮流中操縱船帆。

瑪莉雖然並非「俗物」，但是，她也成不了「鱷魚」。她首先從「大象」開始，再進步到「水手」的階級。

在西寧波斯一聲號令之下，水手們從繫在防波堤的八艘船隊中，解下中型的小船，以及小型的船兒，再划到岩岸的碼頭。

「好吧！上船。我來擔任調整手。居禮夫人坐在船頭，貝蘭與波利爾搖槳，法南希絲就來操舵吧！」

西寧波斯下達了命令。

划船者都是大學教授。漆成白色與綠色的小船，由於一個人划得太快，以致繞了一個圈子。

「船頭並沒有服從整調手！」

舵手對划船者大聲的嚷叫。

瑪莉的面孔變成通紅，一心一意的配合划船的速度。在太陽照耀之下，海面產生了微波，水手們如此唱了起來——

三個少年，朝向小島揚帆！

他們使載滿了歡樂的船兒急馳，

三個少年揚帆出海……

唱到第三次時，划船手更換。欲到達羅修布拉斯的話，非得超越潮流不可，是故，需要更為有力的划船者。所謂的「羅修布拉斯」也者，乃是擁有紫羅蘭色沙灘的島嶼，集落的人們都到此地做海水浴。

男性們跟茶色的海鷗以岸邊為更衣室。婦女們找到了佈滿水草的岩石房間。

瑪莉第一個進入深而透明的海水裡面。她雖然不懂得自由式的游法，但是懂得別種的游法，而且，游得很好。

進入水中的瑪莉看起來年輕，斑斑白髮藏在海水帽下面，潮濕的面孔上面看不到皺紋。她的身材瘦削，動作快速，優雅。她也以自己的泳技為傲。

「我不是游得比波利爾先生更好嗎？」

瑪莉對伊蕾娜說。

「嗯……比波利爾先生好得多啦！」

一向不會說恭維話的伊蕾娜如此的回答。

游了一段時間後，瑪莉舉行日光浴，啃著僵硬的麵包。她時常自言自語的說：「這種生活真好……」「我感覺到很幸福……」

關於這個號稱「拉爾凱斯」的小村莊之美，就連瑪莉也無法表達它的美於萬一。因為，它是不可言宣的東西之一。「拉爾凱斯」是世界最美的地方，關於這點，幾乎是無人不曉，是故，不必經由口頭把它說出來。

到了正午，小船在水手們的悠揚歌聲下，又被划回岸邊。瑪莉赤著一隻腳，捲起她的裙襬，露出她的膝蓋，手裡拿涼鞋，在白色海鷗成群飛舞的黑泥巴中，很困難的踽踽走到岸上。

這時，伙伴們會各自回到家吃中飯，到了兩點鐘，大部分的人不會來到「達西茵」，搭乘號稱「野玫瑰」的遊艇。這些遊艇跟小船是屬於西寧波斯的東西。不過，這個人很喜歡朋友們分享他的東西。

瑪莉並不參加搭乘遊艇的活動。因為坐在遊艇上面時，總是會給她一種太過於懶散的感覺。

瑪莉倒是喜歡坐在燈台似的家裡，批改科學的論文，或者取出鋤頭、修枝用剪刀，以及耙子等等，做一些園藝方面的工作。有時候，玫瑰等會刺傷她，一不小心就會扭傷腳脖子，或者使用鎚子時打傷手指，但是，她一點也不在乎。

到了黃昏六點鐘時，瑪莉又會去游泳。有時，她也會去看看達西茵最老的婦人，或者舉目看著「野玫瑰」的回來。太陽剛要下沈時，瑪莉就能夠看到金光閃閃的船帆，看起來很魯莽的人們搭船回來。

少女們的頭髮插著康乃馨，這些花兒是西寧波斯從自己的庭園摘來的。

吃過晚飯後，大夥兒又會從洞開的大門，進入「達西茵」。接著展開言語遊戲，以及類似比手劃腳的簡單遊戲。偶爾也會召開舞蹈會。

逢到召開舞蹈會時，手風琴就會奏出古老的舞曲，於是——科學者、莊稼人、主人、佣人等都手舞足蹈了起來。逢到叫人感到心曠神怡的夜晚，瑪莉、伊蕾娜以及艾芙，就會在黑暗中散步，她們手挽著手，徜徉於海邊曲折的神秘小路。

從暗礁那邊，帶來「轟隆！」波濤聲的疾風，表示寧靜的大海有時也會怒吼一般，瑪莉突然感覺到光閃閃的鐳，有時也會帶來危險。

拉爾凱斯就在潘波爾的附近。

拉爾凱斯的居民們生活於一整天都有陽光的海邊，而潘波爾的人們卻在水島從事漁業，因此，比任何人都曉得大海的幽暗冷漠。

每年一到了休假的日子，瑪莉就會跟亮閃閃，天真無邪的海洋遊玩，在工作時間內，她就跟鐳玩耍。

瑪莉在鐳放射線裡面呼吸，因放射線而燙傷了手。她叮嚀別人必需穿鉛的防護服裝，而她自己卻討厭如此的做。正因為如此，鐳使瑪莉的血液發生了奇怪的變化，使得法國的偉大醫生感到苦惱不已。

一九三四年七月四日，瑪莉因未知的疾病在上薩瓦省帕西的療養院中去世。後來，醫生方才判斷她跟偉大發現物的鐳太過於親近，以致死亡。

〈全書終〉

# 居禮夫人的年譜

| 西元 | 歲 | 簡單紀事 |
| --- | --- | --- |
| 一八六七 | ○ | 十一月七日，生於俄國佔領的波蘭華沙，父親為中學的物理教授，有哥哥約瑟夫、姊姊蘇西雅（蘇菲亞）、布洛妮雅、海倫娜。 |
| 一八七六 | 九 | 姊姊蘇西雅感染傷寒而死亡。 |
| 一八七八 | 十一 | 五月，母親死於肺結核。 |
| 一八八三 | 十六 | 六月，從女子高中畢業。因為成績優秀，榮獲金牌。畢業後的一年在鄉村度過，回到華沙後，渴望波蘭復興，加入「翅膀大學」。 |

一八八六　十九　一月，住進Ｚ家擔任家庭教師。在此地，瑪妮雅跟布蘭卡教該地方的孩子們讀書。瑪妮雅也跟Ｚ家的長男——卡修米爾談戀愛，但是，在後來破裂。

一八八九　二二　辭掉了Ｚ家家庭教師的工作，回到華沙，擔任Ｆ家的家庭教師。

一八九〇　二三　姊姊布洛妮雅跟卡修米爾・多魯斯基在巴黎結婚。

一八九一　二四　為了學物理學與數學，瑪妮雅到巴黎，住在姊姊布洛妮雅的家。進入索爾本大學（巴黎大學），名字也改為法國式，書寫成「瑪莉」。

一八九二　二五　離開姊姊的家，到外面單獨居住。

一八九四　二七　以第一名的成績，取得物理學的學士。認識比爾・居禮。比爾三十五歲，為物理化學學校的實驗主任，不久後就對瑪莉求婚。以第二名的成績取得數學士學位。放假時回到波蘭，跟父親到瑞士旅行。十月，再回到巴黎。

一八九五　二八　七月二十六日，跟比爾・居禮結婚。這一年，德國的倫琴發現Ｘ光線。

一八九六　二九　在中等教員選拔考試時，以第一名的成績獲得及格。這一年，安利・貝克利爾發現放射能。

一八九七　三〇　九月十二日，長女伊蕾娜誕生。選擇鈾放射能的研究為博士論文的主題，在物理化學學校的倉庫舉行實驗。

一八九八　三一　七月，發現瀝青鈾礦所含有的一種放射性元素。取祖國波蘭的名字，而叫它為「釙」，接著，夫婦倆從事從瀝青鈾礦抽出鐳的工作。這一年，布洛妮雅夫妻回波蘭。

一九〇〇　三三　成為塞浦爾女子高等師範學校的教師。幫助居禮夫婦的安德烈・多畢爾奴發現錒。

一九〇一　三四　倫琴獲得諾貝爾物理學獎。

一九〇二　三五　成功於取出鐳。六月，比爾為了在皇家學士院演講之故，夫妻訪問英國。父親在波蘭逝世。

一九〇三　三六　瑪莉與比爾共同獲得諾貝爾物理學獎。

一九〇四　三七　比爾被任命為索爾本大學的物學家教授。十一月，瑪莉也成為比爾研究室的實驗主任。十二月六日，次女艾芙誕生。

一九〇五　三八　為了諾貝爾受獎的紀念演講，到瑞典旅行。比爾成為科學會的會員。

| | | |
|---|---|---|
| 一九〇六 | 三九 | 四月十九日，比爾因車禍而猝死。五月，成為索爾本大學的物理學講師，十一月，第一次授課。 |
| 一九一〇 | 四三 | 比爾的父親過世。跟安德烈・多畢爾奴很成功的抽出純粹的鐳金屬。 |
| 一九一一 | 四四 | 榮獲諾貝爾化學獎。被提名為科學學會的會員，但是以一票之差落選。 |
| 一九一四 | 四七 | 七月，在巴黎的比爾・居禮街設立「鐳研究所・居禮館」成為指導者。七月二十八日發生第一次世界大戰。在大戰期間，組織X光治療班，巡迴於各地的野戰醫院。 |
| 一九一八 | 五一 | 十一月十一日，第一次世界大戰結束。 |
| 一九一九 | 五二 | 祖國波蘭獨立。鋼琴家的巴德利夫斯基成為第一任的總統。 |
| 一九二〇 | 五三 | 為了支援鐳研究所的工作創立了「居禮財團法人」，美洛妮夫人創辦「居禮夫人・鐳基金」，為了接見鐳起見，跟伊蕾娜、艾芙到美國，受到盛大的歡迎。 |
| 一九二二 | 五五 | 成為醫學學會的會員。成為國際聯盟「智慧協力國際委員會」的委員，展開活潑的活動。 |

一九二五　五八　為了出席鐳研究所的開基典禮，訪問華沙。

一九二六　五九　長女伊蕾娜跟菲德里克・喬利奧結婚。

一九二九　六二　為了接受贈送給華沙研究所的鐳起見，訪問美國。

一九三二　六五　參加華沙鐳研究所的啟用典禮。成為最後一次的波蘭訪問。

一九三四　六六　伊蕾娜與喬利奧發現人工放射能。七月四日，因為長年研究放射性物質的緣故，由於放射能障害而死去。享年六十六歲。

一九三五　長女伊蕾娜與喬利奧夫妻獲得諾貝爾獎。

# 居禮夫人經典名言

- 如果能追隨理想而生活，本著正直自由的精神、勇往直前的毅力、誠實不自欺的思想而行，則定能臻於至美至善的境地。
- 少關心別人的逸聞私事，多留意別人的思路觀點。
- 我從來不曾有過幸運，將來也永遠不指望幸運，我的最高原則是：不論對任何困難都決不屈服！
- 我們應該不虛度一生，應該能夠說：「我已經做了我能做的事。」
- 17歲時你不漂亮，可以怪罪於母親沒有遺傳好的容貌；但是30歲了依然不漂亮，就只能責怪自己，因為在那麼漫長的日子裡，你沒有往生命裡注入新的東西。
- 弱者坐待時機，強者製造時機。

- 生活中沒有什麼是可怕的東西，有的是需要理解的東西。
- 我們必須有恆心，尤其要有自信！我們必須相信我們的天賦是要用來做某種事情的，無論代價多麼大，這種事情都必須做到。
- 我只惋惜一件事：日子太短，過得太快。一個人從來看不出做成了什麼，只能看出還應該做什麼……
- 使生活變成幻想，再把幻想化為現實。
- 一個人若不留意自己已有的成就，他就只會看見自己的不足之處。
- 科學的探討與研究，其本身就含有至美，其本身給人的愉快就是報酬；所以我在我的工作裡面尋得了快樂。
- 願你們每天都愉快地過著生活，不要等到日子過去了才找出它們的可愛之點，也不要把所有特別合意的希望都於在未來。
- 我們最重要的原則是：不要叫人打倒你，也不要叫事情打倒你。
- 人必須要有耐心，特別是要有信心。

- 家族的人互相連繫在一起，才真正是這個人世唯一的幸福。
- 用珠寶打扮自己，不如用知識充實自己。
- 我們須相信，我們既然有做某種事情的天賦，那麼無論如何都必須把這種事情做成。
- 我相信我們應該在一種理想主義中去找精神上的力量，這種理想主義要能夠不使我們驕傲，而又能夠使我們把我們的希望和夢想放得很高。
- 我以為人們在每一個時期都可以過有趣而且有用的生活。我們應該不虛度一生，應該能夠說，「我已經做了我能做的事」，人們只能要求我們如此，而且只有這樣我們才能有一點歡樂。
- 我們必須有恆心，尤其要有自信力！我們必須相信我們的天賦是要用來作某種事情的，無論代價多麼大，這種事情必須作到。
- 科學本身就具有偉大的美。一位從事研究工作的科學家，不僅是一個技術人員，並且他是一個小孩，在大自然的景色中，好像迷醉於神話故事一般。
- 我相信我們應該在一種理想主義中去尋找精神上的力量，這種理想主義既要能不使我們驕傲，又能使我們把希望和夢想放得很高。

- 人類看不見的世界，並不是空想的幻影，而是被科學的光輝照射的實際存在。尊貴的是科學的力量。
- 如果能追隨理想而生活，本著正直自由的精神勇往直前的毅力誠實不自欺的思想而利，則定能臻於至美至善的境地。
- 榮譽就像玩具，只能玩玩而已，絕不能永遠守著它，否則就將一事無成。
- 人類需要善於實踐的人，這種人能由他們的工作取得最大利益；但是人類也需要夢想者，這種人醉心於一種事業的大公無私的發展，因而不能注意其自身的物質利益。

國家圖書館出版品預行編目資料

居禮夫人＝The radium woman／愛諾莉・多麗（Eleanor Doorly） 著；朱櫻 譯 --
二版 -- 新北市：新潮社文化事業有限公司，2025.02
面； 公分
譯自：Maria Skłodowska-Curie
ISBN 978-986-316-934-5（平裝）
1. CST：居禮（Curie, Maria, 1867-1934）
2. CST：傳記

784.28　　113019298

居禮夫人
愛諾莉・多麗　著
朱櫻　譯

【企　劃】天蠍座文創
【出　版】新潮社文化事業有限公司
電話：(02) 8666-5711
傳真：(02) 8666-5833
E-mail：service@xcsbook.com.tw

【總經銷】創智文化有限公司
新北市土城區忠承路89號6F（永寧科技園區）
電話：(02) 2268-3489
傳真：(02) 2269-6560

印前作業　菩薩蠻電腦科技有限公司
東豪印刷事業有限公司
福霖印刷企業有限公司

二　版　2025年09月